现代酒店管理与绿色理念的应用研究

申琳琳◎著

中国商业出版社

图书在版编目（CIP）数据

现代酒店管理与绿色理念的应用研究 / 申琳琳著. 北京 ：中国商业出版社，2024. 10. -- ISBN 978-7-5208-3216-8

Ⅰ. F719. 2

中国国家版本馆CIP数据核字第2024KL0849号

责任编辑：袁 娜

中国商业出版社出版发行

（www.zgsycb.com 100053 北京广安门内报国寺1号）

总编室：010-63180647 编辑室：010-83128926

发行部：010-83120835/8286

新华书店经销

天津和萱印刷有限公司印刷

*

710毫米×1000毫米 16开 13.25 印张 245千字

2024年 10月第 1 版 2024年 10月第 1 次印刷

定价：68.00 元

* * * *

前　言

随着世界旅游业的发展和国际交往的增多，酒店业在国民经济中的地位日趋上升。酒店业的发展不仅可以起到文化交流、增加外汇收入的作用，还可以为社会创造更多的就业机会、引导和促进消费方式的变革以及相关行业的发展。

酒店管理是一个多层次、多元化的实践领域，其对于酒店行业的发展和运营至关重要。一支良好的酒店管理团队能够确保酒店的正常运营，为顾客提供优质的服务，保证顾客的安全和安宁，提升顾客满意度，有效管理资源和提高运营效率，推动创新和发展。因此，在酒店管理上投入足够的时间和资源是非常必要的，并且对于酒店的长期运营至关重要。

绿色管理是企业践行可持续发展及人类生存环境保护的要求，形成的一种新型管理理念以及一系列可实施的管理活动措施。综合而言，绿色管理是将节约资源、保护环境落实到酒店日常经营管理之中，多角度、多方式、全方位、全过程地从酒店经营管理中的各个环节、各个阶段，做到有效利用资源，达到酒店发展的最佳状态，真正意义上实现经济效益和环境保护的最优集合的全新型管理模式。

本书是现代酒店管理方向的书籍，主要研究现代酒店管理与绿色理念的应用，从现代酒店与管理概述入手，针对现代酒店概述、现代酒店管理基础理论进行了分析研究；对现代酒店系统管理、现代酒店资源管理、现代酒店客户管理等内容作了一定的介绍；详细介绍了酒店管理与绿色发展新理念、绿色酒店管理营销策略与实施路径、绿色人力资源管理。本书框架明晰、内容丰富，具有新颖性、理论性、实践性、操作性、示范性和可读性等特点，便于从事相关行业的读者参考，具有一定的学术价值和使用价值。

在本书写作过程中，参考和借鉴了一些学者和专家的观点及论著，在此向他们表示深深的感谢。由于水平和时间所限，书中难免会出现不足之处，希望各位读者和专家能够提出宝贵意见，以便进一步修订，使之日臻完善。

申琳琳

2024年6月

目　录

第一章　现代酒店与管理概述

第一节　现代酒店概述

一、酒店的含义与特点

（一）酒店的含义

综合国内外有关酒店的诸多定义，酒店应具备以下五个条件：①拥有一个或多个建筑物组成的接待设施；②基本功能是提供住宿和餐饮服务，同时可提供其他服务；③服务对象为公众，主要是外出旅行的人，同时也包括本地居民和半永久性居住的人；④性质上属于商业性的服务企业，以营利为主要目的，使用者需支付一定的费用；⑤拥有独立的经营自主权，是经由法定程序批准的法人代表单位。

综上所述，酒店可定义为：以建筑物及其设施、设备为凭借，为宾客提供食宿、娱乐、购物、消遣、通信、商务、旅行服务而获得经济效益和社会效益的综合性经济实体。

（二）酒店的特点

酒店是服务性企业，与其他独立的营利性经济组织一样具备经营上的自主性、组织上的完整性、经济上的独立性及对外关系中的法人地位等基本特性，除此之外，又有不同之处。

1. 服务性

酒店是服务型企业，酒店产品是有形的设施设备与无形的劳务服务的有机结合。其中，生产和销售的主要产品就是服务，设施设备所起的作用就是促进服务的销售。酒店产品具有无形性、生产与消费的同时性、价值的不可储存性、质量的不稳定性等特点，这些因素都决定了酒店与其他企业的不同，也决定了酒店经营管理的独特性。酒店的经营活动是以租让酒店设施使用权的形式进行的。也就是说，客人只是在一定时间和空间内购得酒店设施的临时使用权，却无法像购买其他实体产品那样拥有对酒店设施的所有权。酒店员工提供的服务贯穿客人的整个消费过程。

2. 综合性

酒店的综合性主要是指酒店所提供服务的多样性。现代酒店除了要满足客人最基本的住宿和餐饮的需求外，还要满足客人的其他需求，诸如购物、娱乐、会议等。服务质量已经成为衡量酒店优劣的重要标准。随着消费者的要求越来越高，综合服务已经成为酒店参与市场竞争的重要手段，也就是说，一家酒店的功能设施越是完备，就越能满足客人多种多样的消费需求，也就越具有市场竞争力。

3. 手工操作比重大

酒店业的手工操作比重大是指酒店员工的手工操作在酒店产品生产过程中占据较大比重。随着经济的发展和科学技术的进步，酒店的智能化管理不断升级，其所拥有的设施设备和前台、后台工作正逐步实现自动化控制。由于酒店业是劳动密集型行业，其主要产品是服务，而服务的完成以及衡量服务质量高低的关键因素就是员工。尤其是酒店客房部和餐饮部两大部门，更是集中体现了酒店业手工操作的特点。

4. 享受性

酒店产品的享受性是指客人的要求高于日常生活，而不只是简单的物质需要。这是现代消费的必然需求，也是酒店产品与一般商品和服务的主要区别。一般情况下，酒店用品的等级要高于日常生活用品的等级，如客房的装修、物品的配备等。客人支付一定的金钱就是要换取相对应价值的服务与消费享受。在酒店消费中，客人较为放松，对硬件设施与服务质量都会提出一定的要求，表现出不同程度的挑剔，这些都是享受性的体现。

（三）酒店的产业地位与作用

1. 酒店是旅游者的活动基地

酒店是客人的“家外之家”，使客人感受到如家一般的亲切、舒适与方便，是酒店经营管理的宗旨，对出门在外的旅游者来说这一点尤为重要。旅游者因各种各样的原因来到异地，首先要解决的就是住宿和餐饮的问题，然后才能进行其他活动。从这个意义上来说，酒店是旅游者的活动基地。

2. 酒店是旅游业收入的重要来源

酒店是旅游业收入的主要来源之一（其余为旅行社、旅游景点和旅游交通），是发展旅游业的重要物质基础。酒店也是旅游外汇收入的重要来源，因为酒店的经营方式是一种就地出口的商品贸易经营方式，有利于国家外汇收支的平衡和旅游业的发展。

3. 酒店是各地经济发展的重要标志

现代酒店尤其是高星级酒店已经成为一个城市、地区乃至一个国家经济发展的重要标志，一定程度上代表了一个国家或地区的形象，是一个国家或地区国民经济发展水平的综合体现。

二、酒店的类型与等级

（一）酒店的类型

根据不同的分类方法可以将酒店分成不同的类型，其中常见的有以下几种。

1.根据酒店的功能分类

（1）商务型酒店。商务型酒店也称暂住型酒店，其以商务客人为主要接待对象，同时还接待一般旅游者。商务型酒店除了具有一般酒店所具备的设备条件和服务项目外，还配备满足商务活动的各种商务设施，比如国际直拨电话、客房计算机和网络系统、传真与复印机、不同规模的会议场所等一应俱全，提供翻译、复印、打字、机场接送等服务。商务型酒店一般处于城市商业区，交通便利，周边配套设施齐全。

（2）度假型酒店。度假型酒店的主要特色是可以度假、休闲和举办会议，其最大的特点是拥有良好的环境和完备的康体、娱乐设施。因此，度假型酒店一般都位于交通方便、气候宜人的风景名胜区或名山秀水附近。也有一些度假型酒店建在了城郊或者市中心，并且配套设施越来越高档，如高尔夫球场等。

（3）会议型酒店。会议型酒店是针对会议团体的酒店，因为其关注的焦点是会议市场，所以强调酒店拥有能够使会议成功举办的一切会议设施与服务，如各种类型的会议室、齐全的会务设施（多媒体设备、同声传译系统等）、充足的停车位、高品质的客房与餐饮等。会议型酒店常常建在风景名胜区或交通便利的政治、经济、文化中心城市。根据国际会议协会的标准，会议型酒店的会议业务应占到总业务量的60%或以上，供会议使用的空间也应占到总面积的60%或以上，因此会议型酒店的规模通常是中型至特大型。

（4）长住型酒店。长住型酒店一般是为长住客人设计的，客房以套房为主，最大的特点是客房设计为家居形式。每套客房包括客厅、卧室、厨房、卫生间、洗衣房及办公室等，配有整套的生活设施及公用的娱乐、健身设施。长住型酒店的经营策略、计价方式和服务方法都比较灵活，租期可以为1周、1月、1年、5年甚至更长时间；清洁工作可以根据需要进行；房间用品可以由酒店提供，或者由客人自己购买。

2. 根据酒店的计价方式分类

（1）欧式计价酒店。世界上绝大多数酒店都属于欧式计价酒店。欧式计价酒店的客房价格是指房费，不包括食品费、饮料费及其他费用。

（2）美式计价酒店。与欧式计价酒店不同，美式计价酒店的客房价格不仅包含房租，还包括早、中、晚三餐的费用，主要是为客人饮食提供便利。除了地处偏远的一些度假型酒店之外，目前这类酒店的数量很少。

（3）修正美式计价酒店。修正美式计价酒店的客房价格包括房租及一份早餐和一份正餐（中餐或晚餐）的费用，主要是为了适应客人的需要，以便客人自由地安排白天的活动。

（4）欧陆式计价酒店。欧陆式计价酒店的客房价格包括房租和一份简单的欧陆式早餐，即咖啡、面包和果汁。欧陆式计价酒店一般不设餐厅。

（5）百慕大计价酒店。百慕大计价酒店的客房价格包括房租和一份美式早餐的费用。美式早餐相对欧陆式早餐来说项目繁多，也被称为“复杂式早餐”，除了与欧陆式早餐相同的项目如咖啡、茶、黄油、果酱、面包和果汁外，还包括英式早餐中的煮黄豆、德式早餐中的香肠以及麦片、谷物粥类、鸡蛋类、肉食类等食品。

3. 根据酒店的规模分类

酒店的规模一般是指客房的数量。国际上普遍采用以下两种方法对酒店的规模进行分类。

（1）拥有300间以下客房的酒店为小型酒店；拥有301 ~ 600间客房的酒店为中型酒店；拥有601间及以上客房的酒店为大型酒店。

（2）拥有25间以下客房的酒店为小型酒店；拥有25 ~ 100间客房的酒店为中

型酒店；拥有101～300间客房的酒店为较大型酒店；拥有301间以上客房的酒店为大型酒店。

目前我国使用的是第一种分类方法。

4. 根据其他标准分类

（1）根据酒店的产权形式进行划分。根据酒店的产权形式有以下两种划分：一种是将酒店分为国有酒店、合资酒店、外资酒店和私营酒店等类型；另一种是将酒店分为个体经营酒店、合伙经营酒店、酒店有限责任公司、酒店股份有限公司和酒店集团。

（2）根据酒店地点进行划分。根据酒店地点可以将酒店分为机场酒店、汽车酒店、城市酒店、郊区酒店、度假地酒店、高速公路酒店等类型。

（3）根据酒店建筑投资费用进行划分。根据酒店建筑投资费用可以将酒店分为低档酒店、中高档酒店和豪华酒店。按照国际标准，以一个标准间来计算，低档酒店一个标准间的建筑投资总费用为2万～4万美元，中高档酒店为4万～6万美元，高档酒店为8万美元以上。

（二）酒店等级划分的目的

酒店等级是指世界各国政府或旅游管理机构等按照一定标准，根据酒店设施和服务特色与质量对酒店进行总体的质量与等级评价，然后将表示等级的标志放置在酒店显眼的位置。虽然各个国家的评定机构、评定要求与标准不尽相同，到目前为止，全世界还没有一套统一的国际酒店等级划分系统，但划分目的却是一致的，主要表现为以下三个方面。

1. 保护消费者利益

酒店的不同等级代表了不同的酒店设施和服务质量，也就意味着不同的价格水平。一方面，方便了顾客在购买前了解有关酒店的信息，有利于顾客根据自己的实际需要与消费能力来选择相应的酒店产品与服务；另一方面，保护了顾客的消费利益。随着酒店等级制度在全世界范围内的普及与完善，酒店等级已经成为酒店产品质量的象征。

2. 促进酒店的经营与发展

酒店的等级制度对酒店自身的经营与发展具有巨大的促进作用。第一，对于每一家酒店而言，酒店的等级是对酒店最直接、最有效的一种宣传促销，同时有了等级制度的规定与指导，酒店在硬件设施配备、提供服务的质量、日常经营管理等方面的盲目性、不规范性和随机性大大降低，酒店管理的科学性与有效性得以提高。第二，对于整个酒店行业的发展而言，等级制度的实行有利于从整体上把握整个行业的等级状况，最大限度地合理分配市场资源，避免恶性竞争，同时有利于规范同等级酒店的市场竞争行为，如星级不同的酒店面对的目标消费群体也不同。第三，酒店的等级制度保护了酒店企业的合法权益，让顾客不仅按照等级标准消费，也按照等级标准付费。

3. 便于行业管理与监督

实行酒店等级制度有利于控制和规范整个行业的经营水平与经营行为，优化市场环境，杜绝不正当竞争与危害社会公众的行为，推动酒店业有序健康地发展。

（三）酒店等级划分的方法与评定机构

1. 酒店等级表示方法

（1）星级制。星级制是世界各国广泛采用的酒店等级表示方法，在欧洲尤其普遍，我国目前采用的也是星级制。星级制以星的数量来标定一家酒店的硬件档次和服务水平，不仅巧妙地避开了各国语言文字不同的障碍，还可以使客人一目了然，对酒店有一个全面的了解。因而，星级制在酒店业发展过程中越来越为大众所接受。

星级制中比较流行的是五星级制，即把酒店分为五个等级，分别为一星级、二星级、三星级、四星级、五星级，用相应个数的五角星来表示，五角星的个数越多则表示级别越高。其中，五星级酒店与四星级酒店又称为高星级酒店或豪华酒店，一星级酒店与二星级酒店又称为低星级酒店，三星级酒店则为中档酒店。有些国家虽然也实行星级制，但级别与表示的方法有所不同。例如在伊朗，虽然采用的也是星级制，但前四级用星级表示，最高一级称作豪华而非五星级；斯里兰卡的星级制所表达的含义与一般意义上的星级制恰恰相反，即五角星的个数越多则表示级别越低；还有澳大利亚的星级制，不是分成五个等级，而是分成了九个等级，即在各个星级之间还有半级，如一星半、四星半等。

（2）字母表示法。有些国家用字母来表示酒店的等级，从高到低一般为字母A、B、C、D，各个国家在具体使用上稍微有些不同。例如，采用字母表示法的西班牙、日本，级别最高的酒店不是用A表示，而是用“豪华”表示；奥地利则是用A1来表示最高等级的酒店。

（3）其他表示法。有些国家用顺序来表示酒店的等级，如意大利的酒店等级从高到低表示为豪华、第一、第二、第三、第四；有些国家依据酒店所处位置来划分等级，如挪威的酒店等级从高到低为旅游、城镇、乡村、山区；还有些国家则是字母与数字混用。

2. 酒店等级评定机构

酒店的等级划分意义重大，不仅关系到行业的规范发展与经营利益，还关系到对消费者合法权益的保护，因此，世界各国划分酒店等级的机构一般为政府部门或权威的行业管理机构。行业管理机构以酒店行业协会居多，但具体各个国家又各不相同，实际执行过程也有所不同。有的是强制性的，有的是自愿的，还有些是促销性的，这种往往要收取一定的费用。尽管各个国家和地区的酒店等级评定机构各不相同，但在评定方法上却存在着共同之处，表现为：制定和颁布详细的酒店等级标准；有一套完整的关于评级的申请、检查、复查与抽查的鉴定程序；除了公开调查外，还要不定期进行一定次数的暗访；有权对实际运营中达不到要求的酒店进行降级或除名处理。除此之外，还负责接受与处理消费者的投诉。

3. 评定的内容与标准

如各个国家酒店等级名称与评定机构不尽相同一样，酒店级别评定所涉及的评定内容与标准也是多种多样的。总体而言，基本涉及酒店的结构、设施、服务、保养、环境等方面。国际官方旅游组织协会（世界旅游组织的前身）公布的酒店等级标准涉及最低客房数，客房内的取暖、电话、照明、卫生间、隔音设备，公共设施（卫生间、阅览室、大厅、游泳池等），餐厅，货币兑换以及职工素质等。现在酒店级别评定标准大体上都是以国际官方旅游组织协会公布的分级标准为参考或为最基本的标准。通常情况下，都是先确定一个适用于所有酒店的最低标准或通则，达不到标准的则不予评级，如规定最低可出租客房数量；或者规定酒店的最低注册标准，达不到标准的则不予注册。

（四）我国酒店等级评定概述

1. 酒店星级体系基本规定

2003年12月1日颁布实施的《旅游酒店星级的划分与评定》规定了旅游酒店星级的划分条件、服务质量和管理制度要求。标准适用于正式营业的各种经济性质的旅游酒店。

《旅游酒店星级的划分与评定》以星的数量和颜色表示旅游酒店的等级。星级分为五个等级，即一星级、二星级、三星级、四星级、五星级（含白金五星级）。星级以镀金五角星符号表示，一颗五角星表示一星级，两颗五角星表示二星级，三颗五角星表示三星级，四颗五角星表示四星级，五颗五角星表示五星级，五颗白金五角星表示白金五星级。最低为一星级，最高为白金五星级。星级越高，表示旅游酒店的档次越高。还有预备星级，作为星级的补充，其等级与星级相同，开业不足一年的酒店可以申请预备星级，有效期为1年。

2. 酒店星级评定的机构和规则

（1）酒店星级评定机构。我国旅游酒店星级评定机构总体实行“分级管理、下放星级标准与星级评定权”的措施。文化和旅游部是酒店星级评定的最高机构，下设全国旅游星级酒店评定委员会，负责全国旅游酒店星级评定的领导工作，并具体负责五星级酒店的评定。各省、自治区、直辖市文化和旅游局设省级旅游星级酒店评定委员会；副省级城市、地级市（地区、州、盟）文化和旅游局设地区旅游星级酒店评定委员会。这些机构都要根据上级星级评定委员会的授权开展星级评定和复核工作。

（2）酒店星级的申请。星级评定遵循酒店自愿申报的原则。凡在中华人民共和国境内正式营业1年以上的旅游酒店，均可申请星级评定。经评定达到相应星级标准的酒店，由全国旅游酒店星级评定机构颁发相应的星级证书和标志牌。星级标志的有效期为3年。

（3）酒店星级的评定规程。由酒店提出星级申请，文化和旅游部受理星级申请，全国旅游酒店星级评定机构应在接到申请一个月内安排评定检查，一、二、三星级酒店的评定检查工作应在24小时内完成，四星级酒店的评定检查工作应在36小时内完成。全国星级评定委员会保留对一星级到四星级酒店评定结果的否决权。对于以住宿为主营业务、建筑与装修风格独特、拥有独特客户群体、管理和服务特色鲜明且业内知名度较高的旅游酒店的星级评定，可按照星级评定程序直接申请评定为五星级酒店。

3. 星级的评定原则

酒店取得的星级表明该酒店所有建筑物、设施设备及服务项目均处于该星级同一水平。如果酒店由若干不同建筑水平或不同设施设备标准的建筑物组成，旅游酒店星级评定机构应按每座建筑物的实际水平评定星级。评定星级后，不同星级的建筑物不能继续使用相同的酒店名称。酒店取得星级后，因改造发生建筑规格、设施设备和服务项目的变化，关闭或取消原有设施设备、服务功能和项目，导致达不到原星级标准的，应向原旅游酒店星级评定机构申报，接受复核或重新评定。某些特色突出或极具个性化的酒店，若其自身条件与本标准执行的条件有所区别，可以直接向全国旅游酒店星级评定机构申请星级。

4. 星级的复核及处理

星级复核是星级评定工作的重要补充部分，其目的是督促已取得星级的酒店持续达标。星级评定周期定为3年，分为年度复核和3年期满的评定性复核。年度复核工作由酒店对照星级标准自查自纠，并将自查结果报告上交至相应级别的星级评定委员会，星级评定委员会根据酒店自查结果进行抽查。评定性复核工作由各级星级评定委员会委派星级评定员以明察或暗访的方式进行。对于复核结果达不到相应标准的星级酒店，星级评定委员会根据情节轻重给予限期整改、取消星级的处理，并公布处理结果。目前我国星级评定检查工作暂不收费。星级评定员往返受检酒店的交通费以及评定期间在酒店内所发生的合理费用由受检酒店据实核销。

第二节　现代酒店管理基础理论

一、酒店管理的理念

（一）战略管理理念

酒店战略着眼于酒店的使命，指引酒店经营管理的方向，是酒店健康发展的前提和基础。酒店实施战略管理一方面可以通过制定酒店的发展目标，正确认识其内外部的发展环境，审时度势地整合相关资源，调整发展方向，以提高酒店综合素质，发挥竞争优势；另一方面通过把酒店的战略目标和当前工作紧密结合，极大地调动员工的积极性，增强全体管理人员和员工对酒店的责任感。另外，战略管理也是考核、评价酒店中、长期经营效果的重要工具，有利于对酒店的发展进行正确的评估、调整和决策。随着我国酒店业的日趋成熟和国外酒店集团的全方位进入，酒店业的竞争日益激烈，战略管理已成为酒店更好地提升竞争能力、谋求持续发展的重要武器。酒店管理者必须关注市场环境的细微变化和供求趋势，关注酒店业客源市场的变化，注重品牌竞争和顾客忠诚度的竞争，从而更为主动地运用、调整经营战略。

战略管理可以使企业更好地明确自己的目标，提高综合素质和生命力，发挥竞争优势。战略制订的过程也为企业提供了激励员工的机会，加强了全体管理人员和员工对企业的责任感。因此，在市场竞争日益激烈的条件下，企业实施战略管理十分必要。

（二）人本管理理念

酒店是为客人提供住宿、餐饮及其他所需服务的。员工是面向客人提供服务的最终对象，员工的态度和形象是客人对酒店的第一印象，员工所掌握的知识、技能、信息及其所持有的价值观、理念和道德观念等也是酒店竞争力的基础。国际假日集团的创始人凯蒙斯·威尔逊先生曾说："没有满意的员工就没有满意的宾客；没有令员工满意的工作环境，就没有令顾客满意的享受环境。"酒店业"宾客至上"的要求使员工成为酒店经营管理活动的中心。树立人本管理理念，就是要在物质上和精神上尽量满足员工的需求，以稳定员工队伍，保证酒店的服务质量水平，提升酒店的整体竞争力。

酒店实施人本管理理念，要做好以下五个方面。

1. 融入情感管理

人本管理理念强调酒店所有员工的地位平等，要求管理者尊重员工、理解员工、关心员工，善于沟通，以提高员工的创造力为手段，以提高员工的工作生活质量为目标，在劳动分工的基础上互相尊重和密切协作。情感管理为员工提供轻松、愉快、和谐、充满人情味的工作环境，为员工提供更大的个性发展空间，从而使员工在工作时拥有良好的心情，主动、愉悦地为客人提供发自内心的微笑服务、尽善尽美的个性化服务以及物超所值的服务。

2. 建立人性化的柔性人力资源管理体制

根据酒店生命周期变化和市场需求变化进行人力资源的需求定位。管理者要充分考虑每个员工的个性需求，通过酒店内部人力资源的优化配置，把每个员工安排在与其自身条件相符的岗位上，并主张尽可能地为员工提供宽松的工作环境及良好的工作氛围和人文环境。

3. 减少管理层次，实施服务授权

酒店应授予接待人员适度的权利，一方面可以使员工在职权范围内更快、更高效地解决客人遇到的问题，维护酒店形象；另一方面为员工创造参与酒店管理的机会，增强其责任心和使命感，满足其精神上高层次的需求。

4. 实施民主管理

管理者作出决策前，应广泛听取员工的意见。酒店可以设立总经理信箱或总经理接待日，给员工一对一提意见、建议的机会，也可以设立“员工建议奖”，鼓励员工提出合理化建议，重视员工所提的建议。此外，管理者要深入基层，切实体会员工的意愿和需要。这不仅有利于增强决策的正确性，还能提高员工的士气，使决策更易于贯彻执行，更易于让员工接受。

5. 重视员工交叉培训，提高其综合素质

交叉培训是一种让员工通过接受额外服务技巧的培训来满足不止一个工作岗位需要的培训方式，已被越来越多的酒店作为保持人员素质优势、提高服务质量及竞争力的重要手段。实施交叉培训，使员工一专多能，不仅有利于增强员工的集体主义观念和协作精神，更有利于提高工作效能和宾客的满意度，而且有助于增加员工工作的新鲜感，提高员工综合素质，促进其职业发展。

（三）市场竞争理念

酒店市场的竞争越来越激烈。要想在激烈的竞争中留住顾客，有效地吸引顾客，酒店必须树立市场竞争理念，不断地发掘顾客的需求，并根据自身特点最大限度地满足顾客需求。要进行有效的市场竞争，酒店一方面要根据自身特点制定价格合理、创新体验、注重文化的自主品牌；另一方面要不断引导消费，不断创新服务理念、服务方式、服务项目和产品，培育和创造新的市场，与相关企业建立竞争合作关系，实现协作共赢。除此之外，酒店还必须根据竞争环境及自身发展的需要，运用先进的营销理念和营销策略，进行全方位、立体化、多层次的营销活动，全面展示酒店的品牌和特色，提高酒店的市场知名度和美誉度。

（四）诚信经营理念

诚信经营是酒店生存的基础，也是酒店经营管理必备的理念之一。诚信的基本含义是守诺、践约、无欺。酒店在应对市场竞争的过程中，不仅要追求产品与服务的创新性与特殊性，更要注重最基本的诚信经营，做到“言必行，诺必诚”，否则会降低客人对酒店的忠诚度，损害其在行业中的品牌形象和社会声誉，对酒店的经营造成致命的打击。

酒店应重视自身的诚信建设，制定诚信经营的目标，培育和传播酒店诚信文化，对员工进行诚信教育，使诚信经营的理念渗透到员工内心，落实到日常工作中，并监督促进酒店的诚信建设。同时，酒店应重视并满足客人对酒店产品与服务知情的权利，自觉接受消费者的监督，让顾客在酒店明明白白地消费，使其真切地感受到酒店给予的优质服务与真诚用心，从而提升其对酒店的忠诚度。诚信经营还要求酒店在经营过程中遵守相关法律法规，依法经营，公平竞争，重合同，守信用。

（五）国际化理念

酒店行业是我国开放最早的行业之一，诸多世界知名的酒店集团进驻我国酒店市场，提高了酒店行业竞争的程度和层次。因此，现代酒店管理必须树立国际化理念，具备广阔的国际视野。国际化理念要求酒店以多元化视角和全球化战略眼光观察国际酒店业的发展特点和趋势，认真剖析国际酒店业的成功经验，将国际酒店业的先进水平作为标杆，立足酒店自身的发展实际和需求进行定位，创新服务与产品。

酒店可以通过特许经营、管理模式、战略联盟等形式进行国际化经营，以获取在规模经济、市场营销、风险扩散、融资等方面的竞争优势，利用电子预订、网络预订和电子结算等现代信息技术，提高酒店管理和服务的水平，培养酒店专业型人才。

（六）以顾客为本的理念

酒店管理中要树立以顾客为本的理念，这里的顾客不仅仅是指酒店外部的顾客，也包括酒店内部其他的业务部门和员工。以顾客为本的酒店管理是用服务至上的酒店管理哲学，制定以顾客为导向的酒店管理模式，实施让顾客满意的酒店管理实践。在了解顾客需求的基础上，酒店管理部门通过制定一系列适当的规则来规范服务的提供者（员工）和服务的受用者（酒店客人）之间的交流活动，以更好地服务客人。这样既支持配合了酒店的长远发展，也从根本上突出了酒店管理的价值。酒店要以坚持顾客价值为导向，优化服务项目设计与服务流程，制定明确、具体的服务标准和服务质量管理体系来把控酒店服务产品的质量，以确保为客人提供优质的服务和消费体验，提高客人满意度及其对酒店的忠诚度。同时，酒店也应加强人力资源管理和培训，不断提高员工素质和技术技能，以适应酒店的发展和对顾客服务的需要。

二、酒店管理的职能理论

（一）计划职能

酒店管理的计划职能是指酒店通过对内外部环境进行周密科学的调查研究和分析预测，确定未来某一时期内酒店的发展目标，并规定实现目标的具体途径与方法的管理活动。

科学合理的计划对酒店经营管理的作用主要体现在以下四个方面。

1. 确定酒店统一行动的目标

酒店的经营管理是一个长期的过程，涉及多个层面和部门，通过计划管理可以确定酒店的经营管理目标，以及各阶段酒店的整体目标和各部门的分目标，将分属于不同部门、环节和领域的酒店管理者和员工联系起来，为其工作或行动指明方向、明确责任，促进其相互之间的沟通与协调，以保证酒店目标的实现。

2. 充分调配和利用酒店资源

酒店的经营活动是对一定人力、物力、财务、信息、时间等资源的加工和转换。为使酒店的目标活动以尽可能低的成本顺利进行，必须在规定的时间内提供经营活动所需的规定数量的各种资源。酒店的计划管理职能就是在空间上分解酒店经营活动，对各种资源进行优化组合和科学调配，以有效地减少各种资源的浪费，实现酒店的效益最大化。

3. 有效增强酒店应变能力

计划职能在充分调研、分析和预测酒店内外部环境变化及趋势的基础上明确了酒店目标，确定了实现目标的策略、路径、方法和对策，从而使酒店能在市场竞争日益激烈、顾客需求日趋多元化的环境中获得更强的适应能力和应变能力。

4. 为酒店经营活动的检查与控制提供依据

由于酒店管理人员和员工的素质和能力之间有差异，并且酒店各部门在经营活动中所面对的环境可能与制定目标时有所不同，因此，在酒店目标实现过程中很可能出现有悖于酒店计划和决策的偏差，影响酒店经营目标的实现，甚至威胁酒店的生存。酒店的计划职能为酒店不同部门、不同成员在不同时期的活动提供了客观的标准和依据，有助于酒店对经营管理的实际情况进行检查，以及时发现可能存在的偏差，并采取有效的应对措施。

（二）组织职能

酒店管理的组织职能是指将实现酒店计划目标所需进行的各项活动和工作进行划分和归类，正确划分酒店各部门和岗位，确定适当的职责和权力，委派适当的人员，有效配置人力、物力、财务、信息等资源，及时协调各部门、各岗位、各员工之间的关系的一系列管理活动。酒店管理的组织职能可以使酒店根据客人的需求有效地组合和调配酒店设施设备、服务水平、环境气氛等各种资源，保证酒店的业务按计划有序地进行，提升酒店的接待能力。

实现酒店管理的组织职能，首先是进行组织结构设计，即根据酒店的经营目标、市场细分、等级标准、业务范围等划分横向的酒店部门和纵向的管理层次，形成有效的组织结构。其次是进行人员配备，即根据各部门的要求以及员工的特点配备相应的人员，既保证了酒店经营的正常运转，也使每个员工的知识和能力得到充分发挥。此外，当酒店经营的内外部环境发生变化时，酒店还必须根据其经营管理的需要对组织结构进行调整、改革和再设计，以提高酒店的适应能力，增强酒店的竞争力。

（三）领导职能

酒店管理的领导职能是指酒店管理者运用组织权限、发挥领导权威、指导员工的工作，统一员工的思想和行动，协调和解决部门之间与员工之间相互合作中产生的各种矛盾和冲突，激励员工自觉地为实现酒店目标而努力的管理活动。酒店管理的领导职能立足于酒店发展的整体布局和发展目标，要求管理者对面临的经营管理问题进行科学决策，善于发现和合理使用人才，能通过各种激励手段调动员工的积极性，协调酒店内各部门的业务活动，引导酒店全体工作人员为实现酒店目标而努力，保证酒店经营活动的顺利进行。

（四）控制职能

酒店管理的控制职能是指酒店管理者根据计划目标和预定标准，对酒店运营的各方面进行监督检查，防止计划目标和实际结果之间出现差异，并在发现问题后及时采取纠正偏差的措施，以保证酒店经营目标顺利实现的管理活动。在酒店经营过程中，酒店内部和外部环境的不断变化，酒店员工的工作态度和工作技能的差异等均需通过酒店的控制职能进行调整和规范，以保证服务质量和工作效率，实现酒店目标。酒店在业务经营过程中，计划目标的完成程度、酒店的服务质量水平、员工的工作效率、计划与实际是否一致等都离不开控制职能。

（五）创新职能

酒店管理的创新职能是指酒店及其成员根据酒店内部和外部不断变化的宏观、微观环境及客观情况，运用新理念、新思想不断调整酒店的组织结构、管理模式、工作方法、酒店产品及服务等，以适应不断变化的环境，获得竞争优势及进一步发展的管理活动。

在酒店业市场竞争日趋激烈的环境下，一方面，酒店要对管理制度、组织机构、管理模式和手段、经营理念、营销模式等进行创新，以提高酒店的管理能力和水平，增强酒店核心竞争力并保持持续竞争优势；另一方面，酒店要进行产品与服务的创新，实现特色经营。这要求酒店要根据自身的优势确立细分的目标市场，在分析、掌握市场需求的基础上，运用创新思维，不断在环境、设施、产品、服务、餐饮、文化等方面进行创新，以增强酒店的吸引力和竞争力。

三、酒店管理者的素质

当代酒店是从事各种经营活动的多样化、快节奏的管理行业，酒店经营管理的复杂性也随着规模的扩大而增加，这对酒店管理者，特别是高层管理者提出了更多的要求和挑战。具体而言，对管理者的素质要求主要体现在以下五个方面。

（一）专业知识

1. 管理和经营的基本知识

酒店管理者应熟悉宏观、微观经济学、市场营销学、消费行为学、投资经济学、金融货币知识、会计学、统计学、人力资源管理学、公共关系学、质量管理学等经济管理相关知识。

2. 酒店专业知识

随着酒店客人消费意识的提高和对高附加值的追求，酒店管理者只有拥有丰富的酒店管理知识和对酒店标准的高度认识，才能提高酒店管理水平，维持酒店品牌。酒店管理者需要了解现代服务理念及现代服务业发展趋势，掌握酒店各部门如前厅、客房、餐饮等部门的基础知识、运作程序和管理技巧，熟知酒店管理的基本理论和基本职能、酒店管理目标与管理层次、酒店运营管理模式及发展趋势、酒店管理环境、酒店市场营销战略、酒店竞争战略、酒店产品开发、服务质量管理等。

3. 政策理论水平

国家及地方制定的有关经济及行业的相关政策在某种程度上有利于酒店明确发展方向，确定经营方针。酒店管理者要有一定的政策理论水平，及时了解与酒店经营管理有关的政策方针，准确领会政策精神，并根据酒店实际灵活运用。

4. 扩展知识

酒店管理涉及方方面面，酒店管理者应有广泛的知识面。除上述知识外，还需具有其他使酒店管理人员开阔视野、拓展思维，提高自身修养，从而使工作增值的扩展知识，如社交礼仪、心理学、建筑装潢、设备设施工作原理及保养、美学及艺术类知识、文学知识、法律知识、卫生防疫知识、安全知识以及各国历史、风俗习惯等。

（二）业务素质

1. 行政技能

在现代酒店管理中，编制预算，做市场营销计划、月度工作报告及各种行动计划是酒店中高级管理者日常工作内容的一部分，因此，酒店管理者必须有较强的计算机操作能力、文字表达能力和人际沟通能力，掌握以电脑和网络技术应用为基础的行政技能。

2. 管理经验

酒店管理者不仅要懂得一般的管理理论和酒店专业知识，还要有丰富的酒店管理实践和经验，能自如地解决酒店运营中的各种问题，应对酒店的突发状况，并能在具体的酒店管理工作中探索新的管理模式和方法。

3. 酒店业务水平

酒店业务部门繁多，岗位分工较细。酒店管理人员要进行有效管理就必须全面熟悉酒店业务，如整个酒店业务部门的划分，各部门业务的具体内容、运转过程、质量标准以及各部门乃至全酒店的信息系统等。同时，酒店管理人员还要了解酒店业务发展的新趋势，关注新的业务内容、业务形式、设备及市场需求，以便于更好地为管理酒店服务。

4. 外语水平

随着国际交流活动的增多和旅游业的快速发展，良好的外语水平成为酒店管理者走向国际化的必备要素，既有助于他们更好地为国际客人服务，也帮助其了解国际酒店业最新的发展趋势及借鉴先进的国际酒店管理经验。

（三）思想道德

酒店管理者的思想和行为会对员工、酒店、社会等产生不同程度的影响。因此，强化思想道德意识是现代酒店管理人员的必修课。酒店管理人员需具备的思想道德素质主要体现在以下三个方面。

1. 思想道德素质

酒店管理人员要有良好的品德，为人正直，心胸宽广，处事光明磊落，待人谦逊有礼，讲原则、讲团结、识大体、顾大局，善与他人合作。

2. 职业道德和职业操守

酒店管理人员要忠诚于酒店、领导和员工；严守酒店的商业秘密，不做有损酒店形象和利益的事；严格履行与酒店签订的合同条款，严于律己，求真务实，忠于职守，廉洁奉公，乐于奉献。

3. 事业心和责任感

酒店管理人员要有强烈的事业心和责任感，自觉担负起对酒店经营、服务质量、经济效益、宾客、员工、投资者、社会等方面的责任；在工作中勤奋敬业，无私奉献，谦虚谨慎，团结协作。

（四）心理素质和身体素质

酒店管理工作烦琐复杂，需要耗费大量的时间和精力，因此管理人员必须具备良好的心理素质。具体而言，酒店管理者要能客观地、不带偏见地分析问题，克服狭隘心理；热爱工作、热爱生活、乐观豁达、充满自信；有宽广的心胸和宽容的气度，信任、尊重、善待他人，不计较个人得失；有较强的心理承受能力，并能妥善控制和稳定自己的情绪和感情。

另外，由于酒店行业的特殊性，酒店管理者还要节制烟酒和不良嗜好，加强锻炼，有良好的生活习惯，保持健康的体魄，以应对高压力的生活状态和环境。

（五）职业能力

1. 创新能力

创新能力是酒店管理者的核心能力，中外优秀的酒店管理模式都贵在服务创新、管理创新、营销创新、思维创新、行为创新。作为一名优秀的酒店管理人员，必须具有创新意识和创新能力，不断学习，勇于超越传统的管理模式、思想观念，在市场开发、营销手段、经营策略、企业文化建设上大胆创新，勇于引进新的管理思路，注重观察外部市场及顾客需求的变化，不断根据酒店的实际情况进行调整创新，以适应市场竞争的需要和酒店行业发展的趋势。

2. 决策能力

决策能力是一种综合管理能力的表现，即能够透过关系复杂的事物表象，抓住问题的本质，作出准确且有预见性的分析判断的能力。酒店管理者要根据错综复杂的市场状况，结合酒店的实际情况和远景确定酒店发展的方向和战略目标，制订有利于提高酒店经营效率和服务水平的各种具体的计划方案。决策的正确与否关系酒店经营的兴衰成败，正确的决策来源于周密细致的调查和正确且有预见性的分析和判断，来源于丰富的科学知识和实践经验，来源于丰富的集体智慧和领导者勇于负责任的精神。因此，酒店管理者要掌握丰富的科学知识和实践经验，不断培养理性素养和综合素质，以提高自己的决策能力，领导酒店走向成功。

3. 组织能力

组织能力是酒店管理者为了实现其决策，运用组织理论，把酒店的人力、财力、物力等要素和酒店各个部门、各个环节充分地调动和利用起来进行有效合理的配置的能力。在酒店管理活动中，不仅各项工作和各项活动需要组织，为酒店创造良好的人事环境、培养酒店员工的凝聚力和向心力、提高酒店员工的素质也离不开组织工作。作为酒店管理者，需要统筹全局，人尽其用，将酒店目标分解并准确地传递给不同层次的酒店员工，并通过各种方式去激励员工完成特定的工作。因此，组织能力是管理能力中最基础的部分，是酒店管理者必备的重要能力之一。

4. 领导能力

领导能力是指酒店管理者按照酒店的既定目标和计划，通过下达指示命令等手段，指导和激励下属工作，以实现酒店目标的一种管理能力。酒店管理者要处理大量的酒店日常经营事务，反复与不同的下属进行互动联系，全面掌握随时出现的各种经营问题，确保下属员工成功实施酒店拟定的行动方案。领导能力是酒店管理者的重要能力，在酒店管理中占据重要的地位。酒店管理者必须有较强的领导能力，有秩序、有节奏、有效率地开展酒店工作，顺利实施酒店的决策计划和圆满完成工作任务。

5. 协调能力

协调能力是指酒店管理者从实现酒店的总体目标出发，依据正确的政策原则和工作计划，运用恰当的方式方法，及时排除各种障碍，理顺各方面的关系，促进酒店组织结构正常运转和工作平衡发展的一种管理能力。

酒店管理者需要与董事会、其他领导成员协调以及下级沟通协调，与酒店外部的有关单位、人员搞好关系，以创造良好的酒店内部和外部关系环境，取得方方面面的支持，保证计划、决策的顺利推进和酒店目标的最终实现。在酒店管理过程中，协调工作涉及的范围相当广泛，内容十分复杂。酒店管理者具备良好的协调能力可使下属明确酒店的经营目标、方针政策和工作计划，了解酒店的新动向、新的经营思想和理念，从而实现思想认识、奋斗目标、工作计划的协调统一。

酒店并不需要每一位管理人员都是具备上述素质要求的全能型人才，而应当根据酒店的发展阶段，以及酒店不同部门、不同管理岗位的工作职责和任职要求选择恰当的管理人员，组建一支成熟而稳定的管理团队。具有强劲推动力和执行力的实干者，有清晰的头脑、敏锐的洞察力和超前的经营意识的谋略者，能激励和安抚下属保持和谐氛围的亲善者，都是酒店管理团队的重要组成成员。

第二章　现代酒店系统管理

第一节　现代酒店组织管理系统

一、酒店系统管理的概念

酒店系统是由若干个互相联系、互相依赖又互相制约的部分（组成要素，或称个体、构成体）组成的，为达到酒店整体目标而共同工作的整体。

（一）酒店系统

1. 酒店系统所属类型

从系统组成要素的形式看，酒店系统是一个人造系统，这个系统的各个组成要素都是人为设置的。

从系统与环境的联系情况来看，酒店系统是一个开放系统。它在从事经营服务时，一方面需要外界提供信息、能源及各种设施、原料、客源；另一方面，它通过为客人提供有形的、无形的服务，直接或间接地创造了财富，它也向外界提供了信息，如就业信息、经验，甚至向外界排出垃圾、废物。酒店的系统与外界环境之间存在物质间的交换，存在物流（酒店需要定期从外界获取各种物资，如食品、饮料、日用品、清洁用品等，以维持日常运营。同时，酒店也会产生一些废弃物，需要进行妥善处理和回收）、能流（酒店的能源需求包括电力、燃气、水等，这些能源的供应通常来自外部。酒店需要合理管理和使用这些能源，以确保运营效率和成本控制）、人流（酒店的客人、员工以及供应商等人员的流动是酒店运营的重要组成部分。酒店需要管理好人员的进出，确保安全和服务质量）、信息流（在数字化时代，信息流对于酒店尤为重要。酒店需要处理来自客户的预订信息、反馈意见，同时也需要与外部供应商、合作伙伴进行信息交流。此外，酒店还需要利用信息技术来提高服务质量和管理效率）。

从系统状况在时间序列上的发展变化来看，酒店系统是一个动态系统。系统与环境是处于发展变化中的，酒店内部各部门对环境变化的适应能力存在差异，这种差异还由于它们彼此之间存在相互影响、相互制约的关系而影响整个系统的功能。

从系统的工作状况来看，酒店系统属于随机服务系统。因为在特定时间内到达酒店接受服务的客人量是一个随机变量，每个客人接受服务的时间长短也是一个随机变量。

从系统的复杂程度来看，除了国际性的酒店集团属于大系统外，多数酒店属于普通系统。

2. 酒店系统结构

从实体角度出发来考察现代酒店系统结构，其结构模式与酒店内部的各部门分工、协作关系是基本一致的。酒店内各个部门、作业班组分属于酒店系统中不同级别、相对独立且有自己特定功能的子系统。各部门、班组所配置的生产资料的工作人员及其服务对象便是各子系统的基本组成要素。

3. 酒店系统的特征

无论酒店在规模、级别方面有多大差异，作为一个系统而论都应具有以下四个特征。

（1）集合性（整体性）。酒店系统是由两个以上部门（子系统）所组成的整体。作为一个整体，必须从整体系统来看它的功效。酒店系统发挥的作用和功效以整体来衡量，这比各个子系统单独的作用和功效的总和大。

（2）相关性。酒店系统内各子系统之间存在有机的联系，既相互依赖，又相互制约，各子系统之间存在相关性。

（3）目的性。酒店系统是一个人造系统，人造系统都具有明确的目的性。例如，酒店管理系统的目的就是合理地利用酒店有限的人力、财力、物力等资源，创造效益。

（4）环境适应性。对于旅游企业这个大系统来说，酒店系统是一个大的子系统，它与大系统中的其他系统存在着各种联系，而大系统中的其他系统则是酒店系统的外界环境。酒店系统是一个开放的系统，因而酒店的输入、输出以及运行过程都处于外界环境之中，环境对酒店系统的影响是酒店本身无法控制的。因此，酒店系统必须能够适应环境的变化，以保持酒店系统的生存力。

（二）现代酒店系统管理的内容

现代酒店系统管理的内容主要有以下几个方面。

1. 构建现代酒店组织管理系统

通过组织管理理论的应用，构建有效的酒店组织模式与结构，通过组织制度的建立与实施，运用各种管理方法和技术，发挥酒店组织系统中各种人员的作用和酒店组织系统的效能，进行酒店组织管理系统的运作与整合，从而达到酒店系统管理的目的。

2. 制定和实施酒店系统管理的目标

现代酒店系统的目标是酒店子系统必须共同遵循的目标。酒店系统管理的目标是制订酒店的经营计划、进行各种经营管理决策的依据和基础。酒店系统管理目标的制定和实施是通过酒店计划管理系统的运作与管理来实现的。

3. 酒店运作的管理与控制

建立灵敏、有效的酒店管理信息系统和酒店管理控制系统，以实现对酒店具体环节的管理与控制。

4. 进行系统的评价与分析

运用定量分析方法对系统进行分析，并建立系统评价的标准。系统的评价主要是绩效的评价，系统的分析是多方面的、综合性的。系统评价和分析的目的是创造最优的系统效益。

5. 根据系统外部环境的变化和需要，完美酒店系统

外部环境无时无刻不处于变化之中，因此，酒店要想适应环境的变化，就必须不断完善酒店系统。

二、酒店组织管理系统

现代酒店组织是酒店管理人员、服务人员和其他各种技术人员的组合体。组合体中这些人员之间存在着各种关系。现代酒店组织管理系统就是通过运用各种管理方法和技术，发挥酒店组织系统中各种人员的作用，把投入现代酒店中的有限资金、物资和信息资源转化为可供出售的有形的或无形的酒店产品，以达到酒店管理的目的。

（一）组织管理理论概述

现代酒店组织管理的理论基础是法约尔的组织管理理论。法约尔的组织管理理论可归纳为14条原则。

1. 分工与合作原则

法约尔认为，从事同一工作的工作人员和管理同类事务的管理人员的工作效率要比经常调换工作的人员高。因此，无论是操作工作还是管理工作都应该进行较细的分工，同时，必须注意较细分工以后人员间的合作。

2. 权责相等原则

法约尔认为，人们对负责任的恐惧心理和对权力的向往是相等的。因此，行使权力者就必须承担相应的责任。

在现代酒店组织中，若一个管理人员的权力大于责任，那么，他就可以决定做某项工作，而无须承担这项工作失败的后果，这样将会助长瞎指挥和滥用职权的不良现象；当一个管理人员的责任大于权力时，他会因缺少工作所必需的权力而无法开展工作，长此以往，他将无法保持工作的积极性。

3. 集权与分权需恰到好处

法约尔认为，采用集权与分权的管理方法并无固定标准，也无好坏之分，应视企业的规模而定。

在酒店组织管理中，采用集权或分权的形式应根据酒店的规模和类型来决定。一家大型酒店从最高管理层到最基层，必然有许多的中间层次。因此，从上到下的工作指令和从下到上的信息反馈在经过若干中间层次时，往往会有意或无意地加入这些层次的意见，从而产生了一些偏差，也就是完全的集权管理方式了。

4. 命令统一原则

在一个组织中，管理人员只能有一位直接上级，否则将产生双重或多头命令，使执行者无所适从。

现代酒店管理系统应遵循这一原则，以避免面对不同的上级发出的命令（有时甚至是互相矛盾的）而影响工作安排，同时也可避免上级之间互相推卸责任。

5. 指挥统一原则

在一个管理系统中，应注意只能由一个领导和一个方案控制与指挥有关的工作。总经理负责制是这一原则的具体化。

6. 层次原则

组织应分成若干层次和若干纵向系列。决策、指令按纵向系列由上层至下层传达，执行情况和反馈信息逐级向上汇报。这种关系越明确，组织的决策和信息传达越有效。但对于必须迅速作出决策的工作，应该有应变的方法。

因为酒店的经营千变万化，同级部门之间的联系较多，所以必须加强横向之间的联系，以便迅速作出反应，同时也必须对横向联系加以控制。

7. 有秩序原则

法约尔认为，组织中应该维持良好的物资和人的秩序。酒店要进行高质量、高标准的服务，就必须维持良好的人和物的秩序，要做到人有其位、物有其位、位有其人，要以工作定岗设位，使组织内每个人都有明确的工作位置。

8. 纪律原则

组织内每个人都应该遵守组织的行动准则，这个准则就是组织纪律。纪律应该是建立在尊重和自觉执行的基础上，而不是以恐惧为基础。纪律不应只是消极的制裁，还需有积极的奖励。

9. 稳定性原则

法约尔认为，组织内人员的任期应该有稳定性，以发挥其所长。每个人要想熟练掌握一项工作，就必须有一个过程。经常频繁地调动员工的工作，将影响他们的工作效率。

10. 利益原则

组织内个人利益和部门利益必须服从组织的整体利益。

11. 团结原则

组织的管理人员应注重培养和鼓励下属人员之间团结合作，发扬集体精神。切忌采用分而治之的方法，否则将使组织始终只能发挥部分的效能。

12. 鼓励创造原则

组织的管理人员应尽量鼓励组织内每个人发挥其创造力，应奖励有创造性的人员，但是创新必须以遵守纪律为前提。

13. 合理报酬原则

组织内每个人的报酬应力求公平合理，必须根据工作成绩制定合理的报酬标准，同时还要考虑到组织的经济状况。

14. 公正原则

组织的高层管理人员应设法将公正的观念灌输至组织的每个角落。在处理组织内发生的问题时，应明辨是非曲直，公正处理。对下属人员应一视同仁，切不可厚此薄彼，要使组织内全体人员都能竭尽全力、忠于职守，为达到组织的整体目标而努力工作。

（二）酒店组织管理系统的效能、组织气氛与授权

现代酒店组织效能是指酒店组织达到酒店系统特定目标的程度，是衡量酒店组织系统好坏的标准。现代酒店组织气氛是指酒店组织系统中的人员在工作环境中直接或间接看到或接触到的一些特征。这些特征将会影响他们的行为和工作态度，从而影响组织的效能。

1. 现代酒店组织效能评价

酒店组织的效能可用以下几个方面评价。

（1）适应能力。高效能的酒店组织应该具有很强的适应能力，能够随着市场环境的变化，迅速作出反应，并且很快适应新的环境。

（2）工作效率。工作效率的高低能直接地反映出一个酒店组织的效能。

（3）经济效益。经济效益反映了酒店的获利情况，也是衡量酒店组织效能的重要标志。

（4）职工保留率。职工在本组织中工作时间的长短、流动人数的多少称为职工保留率。职工保留率的高低也是评价组织效能的标准之一。

（5）组织、个人目标相融性。酒店组织有其明确的目标，酒店组织内的职工也有个人目标。如果组织目标与个人目标基本一致，则职工必然会为达到组织目标而努力，从而产生高效能。

（6）职工发展情况。酒店职工的进步与发展是提高酒店组织素质的重要途径。因此，做好组织内职工人才的培养工作，是酒店组织在较长时间内发挥高效能的有效方法。

（7）生存能力。酒店组织的生存能力反映了酒店的实力与活力，是评价酒店组织长远效能的一个标准。

现代酒店组织短期、中期和长期的效能评价标准各有不同的侧重点。短期效能主要以经济效益、工作效率和职工保留率为评价标准。中期效能主要以组织的适应能力、职工发展情况和目标相容性为评价标准。长期效能则以生存能力为主

要评价标准。

2. 现代酒店的组织气氛

（1）领导方式。领导方式包括酒店决策者的经营思想和管理方法，各级管理人员的政治素质和业务素质。若酒店决策者的经营思想保守落后，不能适应快速变化的市场环境的要求，势必影响酒店的经营成果，从而影响酒店组织中职工的工作积极性。各级管理人员的素质决定了管理人员的管理方法和管理艺术，有着良好进取意识的管理人员能不断地吸收和运用先进的管理方法，使酒店的效益不断增长，使酒店组织中每个职工都能心情舒畅地努力工作。

（2）酒店目标。酒店制定目标应该具有合理性和科学性。合理、科学的目标应该是能够激励组织内每个人能尝试“跳一跳，摸得到”，应该使组织内每个人的工作都具有挑战性、一定程度的风险性和可及性。

（3）矛盾、冲突的性质和程度。酒店组织内部存在矛盾和冲突是客观事实，而且是不可避免的。上下级之间、部门与部门之间、职工与职工之间都可能因某件事而产生矛盾和冲突。矛盾与冲突对酒店组织的影响有利有弊。由于引起矛盾、冲突的原因各异，因此矛盾、冲突的结果也是不同的。例如，两个部门之间因工作安排不协调，而导致矛盾、冲突的产生。通过矛盾、冲突的处理过程，找出部门之间不协调的原因并加以解决，有利于两部门之间的工作安排更趋于合理化。这类矛盾、冲突的性质是好的，对组织是有利的。但是，如果两个职工因个人之间的原因产生矛盾、冲突而影响了工作，这种矛盾、冲突对组织则有百害而无一利。两种不同性质的矛盾、冲突对酒店组织气氛的影响是截然不同的。

酒店组织内部矛盾、冲突过于频繁，对酒店组织气氛也将产生不良影响。即使是有利于组织的矛盾、冲突也是如此。尽管矛盾、冲突的双方都是为了酒店的利益，但人是有记忆和感情的，频繁的矛盾、冲突会影响双方的感情，增强双方间的不信任感。在这种情绪的支配下，又容易导致新的矛盾、冲突，从而形成恶性循环。

（4）职工对酒店组织的认同感。职工对酒店组织的认同感是指酒店组织内的职工对本组织的真正认可。不能简单地认为进入酒店组织的每个职工都对酒店组织已经有了认同感。培养职工对本组织的认同感是产生良好组织气氛的根本出发点。

培养酒店职工“爱店如家”的思想，是提高酒店职工对酒店组织认同感的基本方法。管理人员应努力提高酒店组织的凝聚力，使每个职工都因“我是这个酒店组织的成员”而产生自豪感。

（5）奖罚制度的性质。酒店组织必须有一系列的检查、奖惩制度，这些制度是衡量职工工作表现的标准。因此，在制定奖罚制度时必须切合实际，使这些制度能真正起到奖勤罚懒的作用。同时，在执行奖罚制度时必须做到一视同仁，只有这样才能确保酒店组织的正常运转。

（6）酒店组织内部的沟通。酒店组织内部的沟通包括管理层之间和部门之间的业务信息的沟通，组织中人与人之间、管理人员与被管理人员之间的内心沟通和信息沟通。

酒店组织内进行语言沟通的方式有平行的沟通、交错的沟通和隐含的沟通三种。这三种沟通语态与方式都有各自的作用和效果。对不同的沟通对象、不同的场合采用适当的方式才能获得满意的沟通效果。

酒店组织内部的信息沟通应尽可能采用双向信息流动，避免信息的单向流动。在发布指示、命令时，要有接收指令者的信息反馈，确认其收到并已明确其内容。

酒店组织内部的沟通有没有障碍，是影响酒店组织气氛的重要因素。

良好的酒店组织气氛，是产生高效能酒店组织必不可少的先决条件。创造良好的酒店组织气氛，是管理人员进行酒店组织管理的主要内容。培养酒店员工对酒店组织的认同感和酒店组织内部相互沟通，是形成酒店组织良好气氛的关键。

3. 授权

授权是指上层管理人员将自己所拥有的一部分责任和与之相应的权力授予下属。责任是指下属必须履行上司指定的义务，完成被分配的工作，对失误作出解释并承担责任。授权不但能使员工具有高度的工作积极性，而且使他们为顾客提供更加直接与快捷的服务。

（1）授权的原因。

①经济原因。管理人员由于时间关系，可能因一些小事而耽误了大事，从而影响酒店计划的执行，造成资源的浪费和经济上的损失。

②精力限制。个人的精力是有限的，过度劳累会导致工作效率和工作质量下降，特别是高层管理人员，如果事事要亲自处理，将会出现“瓶颈”现象，影响

整体工作的规划和进度。

③专业分工。酒店是一个综合性的企业，管理工作繁多，需要进行专业分工，技术性的工作交给专业人员处理更为合适。

④培养人才。酒店的长远目标是持续和扩展酒店经营。为了达到这个目标，酒店就必须培训员工和管理人员，渐进地授权是培养人才的最佳方法。

（2）授权的程度。影响授权程度的主要因素有以下四项。

①受权者的管理才能是否能够胜任。授权必须授给能够完成任务的人，这是授权者必须考虑的首要问题。

②酒店规模不大，上层管理人员有能力和精力直接加以控制，则不必授权下级处理。

③酒店控制子系统的效能。

④授权者上级的管理观念。如果上级的管理观念对授权者的方法不欣赏的话，则应避免采用授权的方法，以免引起误会。

（3）授权的程序。

①决定将某项工作指派给下级。

②授予完成该项工作所需要的足够的权力。

③使受权者明白由他负责的那项工作。

④保持联络以便协助和考核。

⑤奖励成功者。

为了确保授权的有效度，需要注意以下几个方面的问题。

第一，确定合理的授权程度。授予下属多大权力，这取决于下属承担这项工作的能力与意愿。如果能力很强，积极性又很高，就可以授予全权；相反，只能授予部分权力或不授予权力。

第二，严格遵守正确的授权程序。首先，管理者要与被授予权力的下属深谈一次，说明将被授予的责任、权力、待遇，了解下属面临的问题与要求。其次，一旦决定就要公开宣布，这涉及工作领导关系的名正言顺问题。同时，要将权力和责任交割清楚，以免产生不必要的混乱与争执。

第三，若管理者要亲自处理已授权给下属去做的事，必须先询问下属的意见。

第四，授权人要对最终工作结果负责，这就是所谓的“授权不授责”。虽然管理者将完成某一项任务所需要的责权交给了下属，但这一项任务完成好坏的最终责任还是在这个授权人身上。因此，授权人必须始终掌握下属的工作进展情况，以便随时进行补救与控制。

第五，要成功地在酒店顾客服务中实行授权，不仅要求酒店在理念上作出转变，还要求酒店在制度、组织结构和行动上采取实质性的举措。研究表明，酒店只有从以下四个方面采取行动，授权才能实现：①在组织内进行适当的分权；②组织信息共享；③组织内的知识共享；④组织成员共享组织的利润和报酬。

（三）酒店组织管理系统的运作与整合

酒店组织管理系统的运作与整合是以市场需求和顾客满意度为出发点，以酒店的运作流程为改造对象，对酒店系统的运作流程进行根本性的分析和思考，通过对酒店组织管理系统的运作方式及构成要素的整合与组合，获取酒店更大的绩效。

酒店组织管理系统的运作与整合包括以下内容。

1. 酒店业务过程的运作与整合

业务过程是酒店组织运作的中心环节，其运作与整合的成功与否决定着酒店组织效能的发挥，并将对组织整合产生重要的影响。酒店业务过程的运作与整合主要包括以下几个方面。

（1）酒店日常工作的运作与整合。它是由酒店组织管理系统的基层管理部门指导各服务部门的员工重新设计日常工作以提高其工作绩效。例如，万豪酒店的员工在酒店总部的支持下成立各种类型的团组，这些团组在每项业务中都取得了显著的突破。该酒店在餐饮方面采用了一种创新的服务系统，确保服务员能把服务时间100%花费在餐厅上以满足顾客的需要，而厨师则在早餐酒吧制作现炒现卖的煎鸡蛋及其他的食物。

（2）顾客需求变更的运作与整合。它是通过建立一个追踪机制了解顾客对酒店问题投诉的类型与起因，以迅速地解决顾客的需求变更。

（3）酒店各部门之间工作程序的协调与整合。它是通过成立相关的研究小组，研究顾客需求与部门之间工作程序的科学性与协调性，并对酒店各部门之间的工作程序进行调整与整合，以适应顾客的需求和提高顾客满意度。酒店各部门之间的沟通和协调有利于酒店对顾客的需求作出迅速准确的反应。

2. 组织系统结构的整合与再造

作为一个系统，酒店流程的改变必然会导致酒店组织系统结构的变化。酒店组织系统结构的变化主要体现在由金字塔式的等级制向层次减少的扁平式组织结构的转变。目前，我国酒店的组织系统结构大多是由总经理、部门经理、主管、领班、员工五个层次的人员组成，过多的层次容易使员工对上层的依赖性增强而导致其工作独立性减弱，遇事往往先请示，等一级一级批下来再付诸实施时，可能已延误时机。流程再造后酒店业务过程的高效率和快速反应使具有人员紧凑、富有弹性和灵活高效等特点的扁平化趋势日益凸显。相应地，酒店中层管理人员的职责也会发生变化：由监工变为教练，即把主要工作放在对员工进行业务培训和传递业务信息上，而不是作为一个监工对员工进行监督和管理。

3. 组织系统理念和价值观整合

（1）在酒店组织系统结构上，实现由维护型向开拓型的转变。维护型主要是维护现状或维护本部门利益，而开拓型则表现为创新性和开放性。一方面，不拘泥于酒店现有的规章制度和上下级领导关系，大胆授权于员工，灵活机动地处理具体的问题；另一方面，由重视本部门利益转向谋求共同利益，各部门将工作目标集中于顾客满意和酒店的整体利益上。

（2）在酒店组织系统的评价标准上，实现由重视上级满意向重视顾客满意的转变。流程再造以提升顾客满意度为驱动力和目标。实行以顾客满意度为标准的评价制度后，能提升市场的占有份额，获取系统数量。

（3）在服务组织系统观念上，实现由“条规约束”型向“凝聚协调”型的转化。与传统管理依赖严格的规章制度对企业员工进行的“刚性”管理相反，现代酒店管理从古老的东方哲学智慧中得到启迪，注重“柔性”的亲和沟通，通过贯彻亲密原则，使管理层和操作层达成共识，从而在追求卓越和成效中达到有价值的目标。

（四）非正式组织

酒店正式组织是指由酒店所有者和管理者为实现酒店目标而建立起来的组织。由于酒店员工的需求呈多样性，酒店正式组织有时无法满足员工的需要，因此，员工会基于对某些共同的志趣爱好形成一种并无特定目标、计划，也无正式规章制度的小群体，这就是非正式组织。因此，酒店非正式组织是指为了满足员工的需要而不是为了满足酒店的需要产生的团体。非正式组织虽然不能发挥酒店的组织管理职能，但它们对酒店的各项管理工作可能会带来影响。因此，酒店非正式组织也是酒店组织管理系统的一个不可忽视的子系统。

1. 正式组织与非正式组织的关系

一般来说，正式组织的决策者和各级管理者多数是由上级任命的，下属通常无权选择上司，上级对下属不仅有下达指令和监督、指挥的职权，而且有奖励和惩罚的大权，呈明显的等级关系；而非正式组织是自然形成的，非正式组织的管理者往往是由于他在某一方面有着超群的才华或能力，才被有某些共同利益或兴趣的群体推举出来，组织内的成员没有明确的等级关系，彼此间更加协调。这两种组织往往同时并存于酒店内部。当正式组织与非正式组织的利益相一致时，正式组织的管理者实施管理时往往可以起到事半功倍的作用。而当正式组织与非正式组织之间出现利益不一致时，这种不一致极有可能会干扰酒店管理职能的正常发挥，各级管理者必须认真对待。

2. 对待非正式组织的态度

由于非正式组织可能起建设性作用，也可能起破坏性作用，因此，对管理者来说，必须了解它们，并利用它们的正面效应，防止和消除它们的负面效应。

（1）利用非正式组织的正面效应。非正式组织能提供正式组织所不能满足的需要，从而使正式组织更稳定、更团结，这是非正式组织的一个重要的积极效应。例如，我国大多数酒店会组织一些晚会、交流和竞赛等活动来增加员工之间的接触与交往，从而加深员工之间的感情，这种感情有利于员工在工作中的相互配合和协助。

（2）非正式组织具有一定的积极作用。有些非正式组织的存在有助于增加酒店的知名度，酒店管理者应善于识别这类非正式组织，承认这类组织的存在，并加以引导和利用。例如，1994年6月，世界杯足球赛正在紧张地进行，上海远东不夜城大酒店的部分男青年员工正在悄悄地筹划成立一支足球队。该酒店的总经理知道此事后，决定因势利导，成立一支以酒店名字命名的足球队，并为足球队训练和比赛开“绿灯”。每遇重要比赛，酒店组织员工呐喊助威，酒店凝聚力大增。酒店允许员工占用一部分上班时间来进行训练或观摩比赛，这反而使员工加倍努力地工作。

（3）消除非正式组织的负面效应。非正式组织往往有一定的负面效应，酒店管理者可以通过控制产生非正式组织关系的环境来消除非正式组织的消极作用。例如，部门经理通过调动员工的工作岗位、工作部门、工作班次打破消极的非正式组织关系。酒店管理者也可以通过鼓励员工个人之间的竞争、奖励员工个人成就来削弱非正式组织团体间的关系。

（五）现代酒店组织管理系统中的组织制度

现代酒店组织管理系统中的组织制度一般是指基本制度、经济责任制、岗位责任制和工作制度。

1. 现代酒店基本制度

（1）总经理负责制。总经理负责制是酒店组织管理中实行的领导制度。总经理负责制明确总经理是酒店的法人代表。酒店建立以总经理为首的经营管理系统，总经理在酒店中处于核心地位，全面负责酒店的经营和业务。总经理负责制是适合酒店现代化管理、适合酒店市场经营、适合按酒店运转规律管理酒店、适合依法治店而产生的，是酒店管理体制的基本内容之一。

总经理负责制要求总经理对酒店负主要责任，也规定了总经理所应具有的权力和利益。

（2）职工民主管理制。职工民主管理制的基本形式是酒店职工代表大会。职工代表大会具有管理、监督和审议三个方面的权力，具体的工作内容主要包括以下四个方面。

①听取和审议通过总经理的工作报告。

②审议酒店的发展规划、经营计划以及一些重要的经营管理问题。

③审议酒店各项基金的使用及酒店福利等有关酒店全体职工的切身利益的问题。

④监督酒店的各级管理者，对成绩显著的管理者提出表扬和嘉奖，对不称职的管理者提出撤换的建议。

2. 经济责任制

在酒店内部实行经济责任制可以增强酒店的活力，提高酒店职工的工作责任心，充分发挥他们工作的主动性、积极性和创造性。

（1）酒店集体经济责任制。集体经济责任制按管理层次分为酒店、部门、班组的责任制。集体经济责任制应具体落实到责任者，如酒店总经理、部门经理和主管。

①酒店经济责任制。它包括整个酒店必须完成的各项经营管理指标，酒店总经理和副总经理的岗位责任、工作权限和奖惩条例。

②部门经济责任制。它包括该部门必须完成由酒店整体经营管理指标分解到

该部门的具体指标，部门经理的岗位责任、工作权限和部门的基础工作以及奖惩办法。

③班组经济责任制。班组长（或主管）是酒店基层的管理人员，其基本职责就是执行部门下达的计划，组织安排班组内具体操作人员的工作，做好经营情况的原始记录和职工岗位经济责任制的考核。

④职能部门经济责任制。职能部门的工作对酒店的经济效益无直接影响，因此，他们的工作表现较难用数量来表示。在考核职能部门的工作时，可以采用按工作质量划分等级的方法。

职能部门经济责任制主要包括：该部门指导一线部门或班组进行经营业务活动应负的经济责任，与其他职能部门协作完成工作的情况和为一线部门、班组服务的情况，完成酒店基础工作的情况（如酒店培训部门、人事部门），完成酒店总经理交办的其他工作的情况。同一线部门经济责任制一样，职能部门经济责任制也必须包括岗位责任、工作权限和奖惩方法。

（2）经济责任制的制定原则。酒店内部的各种经济责任制由于层次不同、责任对象不同，因此职责也各不相同。可以根据各级、各部门的具体内容采取不同的形式。但是，无论制定何种形式的经济责任制，都必须遵循以下三条原则：权、责、利相结合，国家、集体、个人利益相统一，劳动所得与劳动成果相结合。

（3）集体经济责任制的考核。制定酒店内部经济责任制必须坚持严格的考核与监督，严格的考核和监督是避免经济责任制流于形式的保证。

集体经济责任制经营管理指标考核包括以下四条。

①指标值。在正常情况下，考核指标值应以原定的指标为标准。但是事实上在实施指标时，由于经营环境和各种客观因素的变化，完成的指标必然会产生一些偏差。除了在制定指标时要考虑到有适当的弹性以外，在考核时也可加以适当调整。调整的指标可由下式计算：

$$考核指标值=原定指标值+新增指标值-新减指标值 \quad (2\text{-}1)$$

对无法用数量表示的指标，可用定级标准来衡量。例如，职工福利增长指标，可采用民意测验的方法确定其增长情况。

②协作情况。酒店是一个完整的系统，有很多经营指标必须由若干部门、班组和个人共同协作才能完成。例如，酒店的出租率指标必须依靠客房部、销售部

和总服务台的密切配合才能完成。因此，对这样的指标进行考核时应着重考核各协作部门、班组和个人的协作情况。这种情况包括：指标中各自应该承担的那部分的完成情况；在协作的部门、班组和个人提出求援时，提供帮助和给予支持的情况；主动对协作部门、班组和个人提供帮助的情况。

③指标完成进度的均衡性。同样完成指标，但方法上可能有差别。前松后紧、突击完成等现象不利于酒店整体系统的协调，应加以避免。因此，完成指标进度的均衡情况也是考核的一个重要方面。

④完成指标的措施和方法。实行经济责任制，对完成指标的措施和方法由各部门、班组和个人自己确定，以充分发挥各级的主动性和创造性。对不但完成了指标，而且完成指标的措施和方法都较好的部门或个人要进行奖励。

3. 岗位责任制

岗位责任制是规定了酒店各工作岗位及人员的职责、作业标准程序、权限等的责任制度，是酒店组织管理工作的基础。

实行岗位责任制的前提条件是责权统一。岗位不同，工作内容不同，岗位职责的内容也就不一样。岗位责任制由以下四项基本内容组成：①职责范围和具体工作任务；②每项工作任务的基本要求、标准和操作程序；③应承担的责任；④协作要求。

现代酒店岗位责任制的实施是通过岗位责任书的下达来实现的。岗位责任书的内容包括职责范围、服务技能、工作程序、服务标准四大部分。

4. 工作制度

工作制度是执行现代酒店控制职能的具体保证，也是现代酒店的基本制度，是经济责任制实施的保证。酒店的工作制度一般是指前台部门的服务规范、程序和后台部门的操作规范。总台接待员的接待程序与规范、楼层客房服务员打扫客房的程序与规范、餐厅引座员的程序与规范等均属于前台部门的程序与规范，而财务制度、奖惩制度、考勤制度、仓库领货制度、培训制度等则属于后台部门的操作规范。

工作制度的制定必须以国家星级评定标准和其他有关标准化规定为依据，各酒店制定的工作制度不可低于国家的有关标准。

酒店应有一套制定与修改制度的程序。制度是十分严肃的，每项制度的出台必须经过有关方面慎重、周密的斟酌。但是所有制度都不可能一成不变，随着市场环境和酒店具体情况的变化，可能有的制度已不再适应（或部分不适应）酒店实际运作的需要，因此必须作出相应的改变。

第二节 现代酒店计划管理系统与管理控制系统

一、酒店计划管理系统

现代酒店计划管理系统涉及酒店经营管理活动的各个方面，是现代酒店管理的核心。要使现代酒店的经营活动顺利进行，就要求各部门、各环节有统一的计划并严格地执行计划管理，发挥各个部门的作用，保证酒店的经营活动高效、协调地进行。

（一）酒店计划管理的概念

酒店计划是指酒店面对未来、立足现实，通过对酒店经营管理活动的运筹计划、决策规划所形成的全面安排酒店管理和经营业务活动的文件。酒店计划是酒店在计划期的行动纲领和奋斗目标，它规定了酒店管理和经营业务活动的内容，为酒店的管理和经营业务活动提供了依据。

酒店计划管理是酒店管理者根据内外环境条件，用科学的方法确定酒店的经营管理目标，通过对酒店计划的编制、执行和控制，指导酒店的业务活动，保证酒店取得双重效益的管理活动的总称。计划管理具有双重含义：一是指对酒店计划编制本身的管理；二是指实施计划，用计划指导管理酒店。计划管理是酒店管理的首要职能，它决定着酒店的管理目标，并规定了实现目标的途径与方法。它通过从提供编制计划依据到最终实现计划目标的全过程发挥作用。

酒店计划管理系统的任务主要有以下几点。

1. 分析和预测酒店未来的变化

酒店应综合酒店内外部环境条件，对市场进行科学的预测，通过市场调查来掌握市场状况和发展趋势，了解顾客需求和客源变化，对酒店的条件进行理性的分析，把综合预测的结果和酒店的内部条件有机结合，为确定酒店的计划目标创造条件。

2. 以财政预算为基础，确定酒店计划目标

酒店应对计划资料、国家政策和企业经营方针进行分析，确定酒店各部门在

市场开发、产品销售收入、成本、费用和利润等方面的长期计划、中期计划和近期计划，并且提出酒店在计划期各阶段的目标。

3. 拟定实现计划目标的方案

对计划目标进行可行性分析和经济论证，从多个方案中选出最优的行动方案和主要的措施，确定实现目标的最优途径。

4. 合理配置资源，搞好综合平衡

计划管理要合理地配置资源，就是要与管理的组织职能有机结合，对各部门为达到目标所需要的劳动量作出匡算，并得出各部门所需劳动要素的精确量。在劳动量的实际组合与分配上，各部门由于利益的关系会产生许多矛盾和不平衡。酒店的计划管理就是要通过对部门目标的分配来保持各部门的平衡。酒店要充分注意调动各级管理人员、各部门、各环节的积极性，保证计划任务能够顺利地完成。

5. 检查计划的执行情况

检查、监督是计划职能和控制职能的表现。酒店管理者应有一套反馈控制系统，及时检查反馈计划的执行情况，在操作中给予必要的指导，发现偏差和意外情况，及时进行调整和纠正，使酒店计划在市场变化的情况下依然能指导酒店的经营活动。

（二）计划指标与计划体系

1. 酒店的计划指标

酒店的计划指标是酒店在计划期内要达到的经营管理水平和目标。在酒店计划中，由一系列既相互联系又相互制约的指标所构成的有机整体，称为酒店计划指标体系。酒店的计划指标体系反映了酒店的经营管理水平以及在经营活动过程中各个方面的相互依存关系。

按指标的性质，可将酒店计划指标体系分为以下两大类。

（1）质量指标。质量指标是用来表示计划期间酒店的人力、物力和财力的利用，以及经营活动中服务质量、工作质量要达到的水平。质量指标通常用相对数（百分比）来表示。

酒店的质量指标主要有以下五种。

①客房（床位）出租率。这是衡量酒店接待能力利用情况的基本指标。

$$客房（床位）出租率=\frac{出租客房（床位）数}{可使用客房（床位）数}\times100\% \qquad (2-2)$$

不同级别的客房（床位）出租数应分别计算。

②资金利润率。它反映酒店的经济效益，是反映酒店经营管理水平的一个综合性考核指标。

$$资金利润率=\frac{利润总额}{资金总额}\times100\% \qquad (2-3)$$

③服务质量。它是指酒店提供服务的规格、标准要求及满足客人需求的程度。各部门根据酒店总的要求和措施提出各自提高服务质量的目标和措施，并由各部门的工作质量来体现服务的质量。

④劳动生产率。它是衡量酒店职工工作效率的指标。这项指标通常由人均营业额、人均创汇额、人均创利额来表示。

$$人均创汇额=\frac{创汇额}{酒店平均职工人数} \qquad (2-4)$$

其中，酒店平均职工人数指全年的平均职工人数；职工的定员指标也属于酒店计划指标。

⑤设备完好率。它是指酒店投入使用的设备完好数与全部设备的百分比。理论上，直接提供给客人使用的设备的完好率应达到100%。除此之外，还有费用率、食品原料损耗率、毛利率等指标。

（2）数量指标。数量指标表示计划期内，酒店在经营管理活动中各项工作所要达到的数量要求。数量指标通常以绝对数来表示。

现代酒店的数量指标主要有以下几种。

①接待人数。这是指计划期内酒店接待人数的总量，是酒店经营的直接成果。接待人数有住宿人次数和人均过夜数两个指标。

②营业额。这是各部门营业额的总和。在制定营业额指标时必须将其分解到各个营业部门。

③利润额。这是考核酒店经营活动质量和酒店经济效益的一个综合性指标。

$$利润总额=经营利润+营业外收入-营业外支出 \qquad (2-5)$$

④人均消费额。这是衡量酒店经营的好坏和酒店产品是否适销对路的指标。酒店人均消费额除了确定计划期的数额外，还应包括计划期相比报告期增长率的

指标。

⑤酒店成本。这是指各部门在完成所计划的营业额指标确定的情况下付出的成本总额之和再加上企业管理费。在计划期内，酒店成本指标包括以下三种。

$$\text{酒店成本总额}=\sum\text{各部门计划期成本总额} \tag{2-6}$$

$$\text{成本降低率}=1-\frac{\text{计划人均接待成本}\times\text{计划接待人数}}{\text{实际人均接待成本}\times\text{实际人均接待人数}}\times 100\% \tag{2-7}$$

$$\text{营业额成本}=\frac{\text{计划成本总额}}{\text{计划期营业额}}\times 100\% \tag{2-8}$$

除此以外，现代酒店的数量指标还应有能源消耗量、工资总额、物资需要量和供应量等。

2. 现代酒店计划体系

制订计划是酒店计划工作的主要内容。酒店计划种类较多，用途各异。酒店计划体系的计划主要包括长期计划、近期计划（年度计划）和短期业务计划三类。

（1）长期计划。长期计划是酒店经营目标的具体化，属于战略性计划。因此，长期计划必须依据经营目标来编制。长期计划是酒店的设备、服务、经济、人员等方面发展的战略性目标和纲领性计划。长期计划的主要内容包括以下几个方面。

①酒店的发展目标。在计划期内，酒店各项主要指标所要达到的水平，各项主要经营指标的发展速度和增长速度。

②投资与基建目标。在计划期内，酒店准备对哪些设施设备进行更新改造，新建和扩建的项目及其资金的来源。投资计划除包括酒店内部的投资外，还包括对酒店外部的投资，如建立食品基地、职工幼儿园等。

③经营管理目标。在计划期内，酒店经营管理要达到的水平，其中包括市场占有率的项目提高、新市场开发、酒店组织结构的调整、各种管理制度的建立和完善。

④职工培训目标。职工教育培训的计划包括培训人数、培训方法和方式等。

（2）近期计划。近期计划也称年度综合计划，是现代酒店最重要的计划，涉及整个酒店的主要经营活动。酒店的近期计划具体规定了酒店在计划期内各个方面的目标和任务，既要符合国家的指令要求，又要反映出市场对酒店产品的需求。在内容上，它包括以下两个部分。

①综合性计划。它包括酒店全部的年度指标，以及各项指标向各子系统分解和分配的情况说明。

②部门计划。它是由各业务和职能部门制订的，计划期内各业务部门和各职能部门在各自业务范围内所执行的目标和任务。具体包括以下内容。

一是营业部计划。根据酒店年度综合性计划的目标和任务以及业务预测，确定全年接待总人次，各季、各月接待人数以及按合同接待的团队人数、散客人数和酒店自行外联的旅客人数。

二是客房部计划。根据酒店的年度综合性计划的目标和任务，核定部门的客房（床位）数、接待总人数，制订部门经营决策计划。

三是餐饮部计划。根据酒店年度综合性计划的总目标和任务，确定餐饮部营业额及营业额的构成，包括宴会、点菜、团队用餐、酒吧等营业额占营业收入的比例。同时，制订餐厅装配、服务质量、酒吧装配等经营决策计划，制订菜肴创新，酒水、菜肴等原料的供应与采购计划。

四是商场计划。根据市场预测和年度接待总计划，制订包括销售的商品品种、销售收入、销售方法等的计划，以及商场装饰、流动资金占用与资金周转计划、服务项目与服务质量计划等。

五是服务质量计划。主要确定酒店所要达到的服务水平、规格标准和对各部门工作质量的具体要求。服务质量计划是由酒店与各业务部门共同商讨制订的。

六是劳资计划。主要确定职工人数、人员构成比例、劳动生产率等，确定工资总额和平均工资额以及奖金水平、分配方案和奖惩方法等计划。

七是基建与维修计划。包括酒店准备兴建、扩建的项目，投资决策，酒店设备更新改造计划以及酒店设备的管理要求、维修保养计划等。

八是物资供应计划。根据酒店综合性计划中的接待量总目标和任务，确定各部门为完成所规定的目标和任务所需要的物资种类、数量、储备量，以及物资采购方法、储存和保管条例、资金占用量等计划。

九是财务计划。规定了财务收入和支出、资金投放、流动资金定额和利润总额、指标和计划，主要包括固定资产折旧计划、流动资金计划、利税计划、财务收支平衡计划、成本计划等。

十是职工培训计划。包括职前培训和在职培训两个方面。其中，在职培训包括在计划期内准备培训的部门、人员分配，培训的方法、形式和类型，以及要达到的要求和考核检查的措施等。

十一是宣传公关计划。包括酒店形象树立的宣传、公关方法和渠道的选择，以及酒店产品的推销、市场占有，以及酒店与旅游中间商之间的关系等方面的计划。

前四种计划为一线业务部门计划，后七种计划为二线后勤部门计划。各种计划都应围绕酒店年度综合计划的总目标、总任务而制订，它们之间的协调与控制是酒店年度综合计划顺利进行的前提和保证。

（3）短期业务计划。为了适应酒店接待有明显的淡季、旺季不同而有明显的差别，在编制近期计划的基础上，对每季或每月酒店各部门的日常业务和进度进行具体的规定。一线业务部门根据酒店近期计划制订短期的接待计划，二线后勤部门围绕一线业务部门的接待计划编制属于各自范畴内的短期（季、月）业务计划，以保证酒店近期计划不受淡季、旺季的影响。

（三）现代酒店计划管理

现代酒店计划管理除计划的编制外，还包括计划的执行和计划的控制两大部分。在对计划的控制中应采用一些计划管理技术，以便对执行计划的时间、各种资源的使用加以控制。

1. 现代酒店计划的执行

计划的执行包括以下几项工作。

（1）建立一个以总经理为首，由各部门负责人组成的业务指挥系统。指挥系统要有一套机构制度和方法，有明确的业务分工和权责关系，按分工和业务范围指挥计划的执行，并充分发挥这个系统的协调作用。

（2）建立健全经济责任制。按经济责任制的内容，将计划落实到各部门、各班组和个人，并严格按责任制的规定来追究计划在执行过程中产生偏差的原因和责任。

（3）建立计划的检查、考核制度。充分利用酒店管理组织系统和管理信息系统，对计划的执行情况进行及时的信息反馈和检查，并对各部门、各班组、个人的计划完成情况进行考核、记录、统计，以保证计划顺利进行。

（4）调动员工的积极性。计划必须由员工来完成，因此要调动员工的积极性，并向员工解释计划的目的、执行的具体方案与措施、完成计划的注意事项，让员工在执行计划的过程中发挥自己的聪明才智。

2. 现代酒店计划的控制

现代酒店计划的控制就是在计划执行过程中定期或不定期地把计划中的各项指标与实际执行情况进行比较，发现差异，分析原因，采取措施，以保证计划顺利完成。计划的控制主要有以下几项工作。

（1）明确分段标准。在计划期内，把酒店计划的各项指标分为若干阶段，使计划在执行阶段的某一时限有明确的指标标准，以利于检查计划的执行情况。

（2）检查计划执行结果。检查计划执行结果的方式有日常检查、定期检查、专题检查、重点检查和店务会议检查等。检查计划执行结果的实质是计划执行情况信息的反馈和比较的过程。通过计划执行情况信息的反馈和比较，找出计划执行过程中产生的偏差，进行校正修订，以保证计划顺利进行。计划执行过程中信息的反馈和比较是通过以下步骤实现的。

①建立按目的、按时期有关量与质的报告制度，采用数据统计、图表显示等手段，报告（反馈）计划执行情况。例如，定期报告住店人数和人均过夜数的统计资料，各业务部门的营业额、成本率，酒店的财务情况等。

②将这些统计数据和报告的情况，结合定期信息会议，与酒店计划中所规定的目标或阶段指标进行归口、归类比较。

③通过所反馈的实际执行情况与计划目标的比较，找出差距，分析产生差距的内在原因和外在原因。

（3）计划的校正和修订。通过检查出的差别和产生差别的原因分析，反馈给计划执行部门，并按不同性质对计划进行不同的校正和修订，计划的校正和修订可遵循以下原则。

①即使产生的差别较小或是可以接受的（允许范围的），也必须进行反馈，以便决定是维持原来的目标还是做出较小的修订。若产生的差别超出可接受的范围，则需采取相应的修订措施。

②若差别是由于个别偏差或具体行动造成的，则可指定产生偏差行为的部门进行校正。

③若差别是由于执行过程中有关部门的配合行动所产生的，则必须采取必要

的协调措施加以修订。

④若差别出现在计划的抉择方面，则需修订原来的计划。

二、酒店管理控制系统

现代酒店管理控制系统是一种具有某种特定控制功能的系统。

（一）现代酒店管理信息系统

1. 酒店的信息

酒店的信息是指那些用来沟通酒店各部门之间的联系和反映酒店经营管理活动情况的酒店内部的各项指令、计划、报表、数据和规章制度，以及描述酒店外部环境变化的数据、信息等。

酒店的信息不仅是酒店的重要资源，而且是现代酒店经营决策的重要依据，是控制酒店系统正常运转必不可少的条件和酒店系统纵向、横向联系的重要手段。

2. 酒店的管理信息

（1）现代酒店的管理信息按其内容可分为以下两种。

①指令信息。它包括酒店各级行政管理人员在组织生产、经营中向其所管辖的部门及工作人员发出的各种经营决策、行政命令、工作计划及工作布置等。上层管理人员、决策机构是指令信息的信源，下层机构、工作人员是指令信息的信宿。

②数据信息。它包括非指令性信息的所有数据信息、字符信息与音像信息，如各种报表、统计图表、市场信息、上报数据等。

（2）现代酒店的管理信息按其作用可分为以下三种。

①决策信息。酒店决策人员进行长远战略计划、各种重大决策制定所需的信息。它包括酒店内部、外部信息以及酒店经营环境构成、技术等方面的信息情况。

②监控信息。对酒店系统运转进行校正、控制所需的信息，包括经营管理的明确计划、指标以及系统输出情况的各种反馈信息。

③作业信息。维持酒店系统日常业务活动所需的信息，包括物资的库存数、待出租的房间数、客房预订数等。

3. 现代酒店的管理信息系统的结构

现代酒店的管理信息系统是在酒店经营管理中对资料信息进行处理、存储、使用的信息系统。

现代酒店的管理信息系统的基本结构如图2-1所示。

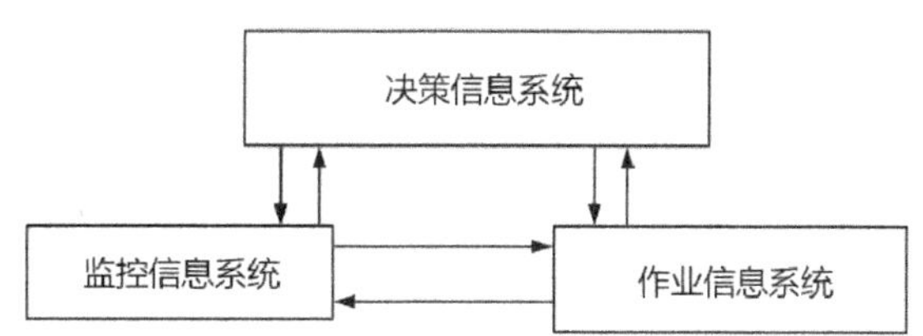

图2-1　现代酒店的管理信息系统的基本结构

由图2-1可见，酒店的管理信息系统由决策信息系统、监控信息系统和作业信息系统组成。

（1）决策信息系统。该系统主要由总经理办公室、统计室、资料室组成。它的作用是对来自酒店内部、外部的各种决策信息进行处理、分析，并向总经理、副总经理、董事会、店务委员会等高层决策人员和机构提供制定各种重大决策和战略决定的数据和依据。

（2）监控信息系统。该系统包括财务、人事、总经理办公室等子系统。它的作用是根据各种输出情况的反馈信息与制订的计划、指标决策等信息的比较、分析，指示出系统运行是否正常，并提出校正办法。

（3）作业信息系统。该系统包括客房、餐饮、商品、康养、工程、车队等子系统。它的作用是根据所提供的各种作业信息来维持、保证酒店系统正常业务活动的进行。

现代酒店的管理信息系统是一个多层次、复杂的系统，必须对大量的信息进行各种各样的整理分析和存储。随着科学的发展，将计算机系统与管理信息系统联系起来，用计算机进行信息的统计分析和存储，已成为酒店管理实现现代化的标准之一。

4. 现代酒店管理信息系统的分析

现代酒店管理信息系统分析的目的是要对一个新的管理信息系统进行设计并对现有管理信息系统进行改进。现代酒店管理信息系统的分析由以下步骤构成。

（1）调查研究。它是指对酒店的现状以及目前在酒店内流动和利用的信息的实际情况进行调查。通过调查，掌握信息的种类、形式以及信息在酒店内的流向。

（2）输出要求。它是指酒店各个部门对管理信息系统提出的输出信息的要求，包括信息内容、期限、方式、数量及对信息进行检索方面的要求，以保证输出的需要。

（3）输入要求。它是指对信息输入的时间、内容、精确度以及信源的要求，以免造成信息的重复、失真和烦琐。信息输入的要求应取决于输出的要求，即以出定入。

（4）绘制信息流程图。通过绘制各种信息在酒店系统以及各个子系统中的流程图，阐明信息在各个部门的输入输出情况以及信息与各个部门之间的关系，使管理信息系统中的信息流图像化、明朗化。

（5）设计或改造。根据上述各步骤的分析，设计出符合要求的新的管理信息系统或根据分析、对比，对现有的管理信息系统进行改造。酒店管理信息系统的调整、改造是随着酒店经营管理的动态环境变化而随时进行的。

（二）现代酒店管理控制系统

1. 现代酒店管理控制系统结构

现代酒店管理控制系统的基本结构取决于现代酒店的管理体制。酒店各级管理人员在工作中为达成某一目标，都必须采用各种方法、手段来对各自所属的受控对象施加影响，进行各种直接或间接的干预。他们是处于不同层次、不同级别的控制系统中的控制者，同时，他们又是各自上级部门的受控者。例如，酒店的各部门经理是各部门所属的各作业班组的控制者，同时又是总经理、副总经理的受控者。酒店内各级管理人员在酒店的经营管理中经常需要向其下属下达有关工作指令并需要下到基层检查工作或听取下级有关工作的汇报，做出相应的指示。这个过程实际上就是管理控制系统的“指令（控制）—监测—反馈—调控”过程。因此，对于现代酒店管理控制系统来说，每个子系统（各级管理控制系统）都是一个酒店管理微控制系统。

2. 管理控制系统的运转过程

每个控制系统都有自己明确的控制目标。控制目标（决策）在下达到受控对象之前必须经过编译处理。编译的目的是使受控对象能够更加准确地理解控制者的意图，并在工作中接受控制者的指导。编译的内容包括以下几种。

（1）向受控对象解释达成这个目标的具体意义。

（2）为受控对象更好地达成控制者所制定的目标编制一个工作计划。工作计划内容包括：①确定计划指标。常用的计划指标有生产、销售指标，如产量指标、产品质量指标、营业额与利润等；经营管理指标，如成本控制、客房利用率与餐饮部原料消耗等。②指出完成计划指标的途径和措施。③制订本计划的具体实施方案。④指出有关注意事项。

（3）控制有关的奖惩措施。在控制系统向受控对象下达编译指令时，监控系统与作业系统也同时进入工作状态。在现代酒店管理系统中，监控工作包括通过基层管理人员的检查、考核、数据记录、报表制作以及与有关工作人员交谈、抽样调查、对受控对象工作情况和工作效率的原始资料收集等工作。通过监控而获得的信息资料经加工、整理后及时反馈给控制者。

现代酒店管理控制系统的控制者（高层决策机构或高层管理人员）对各种反馈信息进行综合分析，并与原来的目标、决策、计划进行对照、比较，从而确定受控对象在执行计划时与控制者的目标、计划的偏差情况，并对产生的偏差进行分析，找出偏差产生的原因并采取应对措施。

3. 酒店管理控制系统中可控因素与不可控因素分析

按控制论的观点，酒店系统中的可控因素与不可控因素可以分别定义为：在一定范围（酒店系统内部）内，一定条件（酒店控制者力所能及、受控者能承受的条件）下，酒店控制者能直接干预与无法直接干预的因素。因此，酒店系统内的组成部门以及它们之间彼此相互作用而产生的结果都是可控的因素，酒店系统以外的环境因素都是不可控因素。例如，酒店的产品价值、目标市场、生产经营策略等是酒店系统的可控因素；而酒店市场需求、市场竞争等是酒店系统的不可控因素。现代酒店系统的可控因素与不可控因素是相对的。对于可控因素，由于控制者对受控者的干预要在一定的约束条件下进行，且干预的方法及程度都有一定的局限性，所以“可控”只是相对的。对于不可控因素，虽然控制者无法对它进行直接干预，但由于它与系统内部的可控因素总存在某种联系（如物流与信息流的交换等），因此，控制者可以通过对系统内部某些因素的调整来对它施加一定的压力，从而达到间接干预的目的。例如，酒店产品的价格是可控因素，酒店系统可根据市场需求情况对自己的产品价格进行调整，但这种调整受成本等方面的限制，具有一定的限度和幅度。而酒店市场需求是不可控因素，酒店不能对市场需求进行直接的干预，但酒店可以通过改变产品的结构、提高质量、改变营销渠道、调整价格等方式来刺激市场需求，对它实施间接干预。

4. 现代酒店管理控制系统中的关键环节控制

现代酒店管理的关键环节包括四个方面：产品质量、价格、服务质量、成本消耗。因此，关键环节控制就是上述四个方面的控制。

第三节　现代酒店系统分析、评价与优化

一、现代酒店系统分析

现代酒店系统分析是通过对酒店功能、结构、状态、环境的分析，使各级系统管理人员了解系统的作用、运行工作状态以及系统与环境之间的各种联系，明确不同层次系统的分析、协调等系统经营管理活动中的问题和情况，以谋求最佳的系统整体管理效果，创造最优的系统经济效益。

（一）现代酒店系统的功能分析

系统的功能源于系统组成部分的相互作用。因此，现代酒店系统功能分析的目的在于检测酒店各部门（子系统）的功能和作用，以及各部门之间相互影响、相互制约的关系。

现代酒店系统功能可以用带有各自不同的约束条件的目标函数的形式来反映。现代酒店系统的目标函数通常有以下两大类。

1. 直接反映系统功能强弱的目标函数

直接反映系统功能强弱的目标函数通常表示系统所完成的工作指标，如营业额、人均创利、资金周转率、成本、功能指数等。

2. 间接反映系统功能强弱的目标函数

间接反映系统功能强弱的目标函数只反映系统某一方面的功能，如酒店市场预测目标函数，其函数值可能是市场对某一产品的需求量，如团队对客房的需求量等。一般来说，酒店经营中的多数预测均应用此函数。

因此，现代酒店系统的功能分析实际上就是对现代酒店系统目标函数的计算、分析和比较。例如，酒店员工在某段时间内人均所创纯利可用目标函数表示为

$$W=(V-C)/N \tag{2-9}$$

其中，W是酒店员工在某段时间内人均所创纯利；V是酒店在某段时间内接待的总人数和客人接受酒店各项服务的概率与人均消费额的乘积；C是酒店在某段时间内所支出的总成本（固定成本和变动成本之和）；N是酒店员工总人数。V的计算公式为

$$V=\sum_{i=1}^{m}\text{概率 }i\times\text{ 人均消费额 }i\times\text{接待总人数} \tag{2-10}$$

（二）现代酒店系统的结构分析

系统结构分析的目的在于明确酒店内部的分工、协作关系、提高工作效率，有助于系统的正确诊断与结构优化。现代酒店系统结构分析工作主要包括以下几点。

第一，按系统内各层次子系统的位置，画出酒店系统实体结构图，标出各系统人员的任务、职能及所处位置，注明各子系统之间的信息以及工作流程图。

第二，根据各子系统所承担的任务、职能、功能强弱及彼此间的协调、制约关系，分析现行的系统结构是否合理，决定是否作出调整。

第三，通过计算各作业系统的营业额占整个酒店营业额的比重，分析酒店市场目标的变化以及酒店系统内重点的转移。

（三）现代酒店系统的状态分析

现代酒店系统的状态分析主要是指对酒店系统经济活动状态的分析。

现代酒店系统经济活动状态分析的主要内容包括前台接待业务的经济活动状态分析、后台供应业务的经济活动状态分析和财务状态分析。

1. 前台接待业务的经济活动状态分析

前台接待业务的经济活动状态分析的目的在于了解酒店前台各作业系统状态是否正常，各子系统之间的工作状态是否协调。主要内容如下。

（1）接待能力分析。根据统计核算和业务核算，分析酒店接待能力是否达到计划指标、接待能力的利用情况、影响接待能力利用的内外因素等。分析方法

可以采用对比分析法、因素分析法（或结构分析法）和相关分析法等。

（2）接待人数分析。接待人数分析是指对酒店接待总人数和计划指标的差异分析，平均过夜人数、接待人数的市场分类分析，淡季、旺季各月接待人数分析以及影响客源的因素分析，以检测系统的利用率。

（3）服务质量分析。主要分析达到计划指标情况、质量问题状况，各部门由于质量所造成的损失等。

（4）劳动分析。劳动分析包括劳动生产率完成计划指标分析、劳动生产率提高或降低分析、劳动质量分析、劳动定员分析等。

（5）物资消耗与设备分析。物资的消耗分析主要包括物资消耗定额与计划指标的差异分析、控制消耗物资消耗量的分析等。设备分析主要是指设备损坏分析与设备状况分析。

2. 酒店后台供应业务的经济活动状态分析

酒店后台供应业务的经济活动状态分析主要有供应量的分析、供应质量的分析、消耗分析以及设备利用分析。

3. 财务状态分析

财务状态分析包括以下几个方面。

（1）流动资金利用效率分析。通过应收款周转率、库存周转率以及流动资金周转率等指标的分析来评估酒店流动资金的利用效果。

$$\text{应收款周转率} = \frac{\text{某期间总销售额}}{\text{该期间平均应收款额}} \times 100\% \tag{2-11}$$

$$\text{库存周转率} = \frac{\text{库存消耗额}}{\text{平均库存额}} \times 100\% \tag{2-12}$$

$$\text{流动资金周转率} = \frac{\text{某期间营业收入金额}}{\text{流动资金平均占用额}} \times 100\% \tag{2-13}$$

流动资金周转率的大小与营业收入额成正比，与流动资金平均占用额成反比。流动资金周转率越大，说明酒店的流动资金利用率越高，财务状态越佳。

（2）固定资金利用效率分析。酒店固定资金利用效率可以通过固定资产结构的变化和固定资金占用率的分析来反映。固定资产结构说明酒店固定资金的占用情况及固定资金配置是否合理，它的变化是指一定期间内各类固定资产总额中所占比例的变化。固定资金占用率则表明固定资产的利用程度，通过平均占用额和收入总额的比值来反映。

$$固定资金占用率 = \frac{固定资金平均占用额}{营业收入总额} \times 100\% \tag{2-14}$$

固定资金占用率越小，表明每百元营业收入占用的固定资金越少，资金使用的效率越高，经济效益越好。

（3）成本分析。成本分析是以一定的分析方法，对酒店成本的核算资料进行分析。分析内容主要是对成本中的各种计划指标及其执行情况进行分析比较。

①酒店各种类型的成本分析，主要包括营业成本分析、营业费用成本分析、企业管理费分析及费用结构分析。

第一，营业成本分析。营业成本是指酒店为客人提供各项服务时直接消耗的费用。例如，餐饮部的食品和饮料成本、商品部的商品成本等。营业成本的指标通过营业成本率来体现。

$$营业成本率 = \frac{营业成本}{营业收入} \times 100\% \tag{2-15}$$

控制营业成本率是酒店经营管理中的一个重要方面。

第二，营业费用成本分析。营业费用是酒店营业部门在业务经营中所需支出的各项费用，如工资福利、燃料费、水电费、宣传广告费等。营业费用的指标可以通过营业费用率来体现。

$$营业费用率 = \frac{营业费用额}{营业收入} \times 100\% \tag{2-16}$$

营业费用率的分析目的在于进行系统成本的有效控制。

第三，企业管理费分析。企业管理费是酒店管理部门为组织和管理酒店经营活动所支出的各项费用，如行政管理费、办公费、保险费等。企业管理费用是各营业部门提供服务的间接费用。它的指标可以用企业管理费用率来体现。

$$企业管理费用率 = \frac{企业管理费用额}{营业收入} \times 100\% \tag{2-17}$$

第四，费用结构分析。费用结构分析主要分析酒店经营中各项费用结构的相对比例，以观察其相对比例的变化，发现各种成本控制过程中产生的偏差和问题。

②酒店的固定成本、变动成本和混合成本分析。酒店成本若按其随销售量增减而变化的关系进行分类，可分为固定成本、变动成本和混合成本。

固定成本在一定的销售范围内，不随销售量的变化而变化。例如，设备的折旧、行政办公费、管理人员工资及教育培训费等不随酒店销售量的变化而变化。

变动成本是指随着销售量的增减而按比例增减的资本，如食品饮料费用、客房的易耗品、临时工资、福利等。变动成本随销售量的变化是成正比的。例如，当销售额上升10%时，食品饮料费用也将相应地上升10%；反之亦然。

混合成本是指随销售量的增减而不成正比变化的成本，如酒店空调费用，器物破损费，水、电、气消耗费用等。混合成本实际上是固定成本与变动成本之和。因此，混合成本随销售额增减而变化的大小取决于固定成本与变动成本各自所占的比例。例如，当客房的出租率上升20%时，酒店的水电费不会按比例也增加20%。这是因为，酒店的水电费除了一部分用于客房的水电外，还有一大部分用于酒店的锅炉房、水房、大厅、餐厅等公共部分，而这一部分的水电费用无论客房出租情况怎样，都必须支出。有经验的管理人员一般把水电费这种混合成本的60%分摊为变动成本，40%分摊为固定成本。在成本分析中为了计算方便，通常把混合成本分解为变动成本和固定成本两部分。分解方法一般采用高低点法和回归法。

高低点法就是在销售量与混合成本的统计资料中，找出混合成本的最高额与最低额，以及销售量中相应的最高点和最低点，算出变动成本的变化率；然后用高点（或低点）销售额乘以变动成本变化率即可获得变动成本部分。高低点法计算简单，但精确度较差。

$$\text{变动成本的变化率}=\frac{\text{混合成本最高额}-\text{最低额}}{\text{销售量最高点}-\text{最低点}}\times 100\% \tag{2-18}$$

回归法则是根据混合成本的统计资料中的数据描点作图，设作图的直线方程为$y=a+bx$。直线方程系数a即为混合成本中的固定部分的变化率，而系数b则为变动部分的变化率。a、b可用最小二乘法求得。回归法分解混合成本中的固定成本部分和变动成本部分比较精确，但计算比较复杂。

4. 现代酒店系统的环境分析

现代酒店系统的环境分析的目的在于认识酒店与其所处环境之间的物资、能量与信息之间的联系，分析各种不可控因素的发展、变化规律及对酒店系统管理的影响。

现代酒店系统的环境分析主要包括以下几个方面。

（1）原料、能源、人员、水资源的供应状况（如数量、质量）及其发展的变化情况。

（2）与市场、营销机构、旅行社以及航空公司之间的信息联系情况。

（3）酒店市场需求及其变化情况。

（4）社会经济、政治局势的变化情况。

（5）同行竞争对手产品的种类、数量、质量、销售策略与营销方式的分析。

（6）政府的有关政策和规定。

现代酒店系统的环境分析方法既包括调查、对比、归纳、估计等定性分析方法，也包括资料统计、数据计算、作图、建立模型进行预测模拟等定量分析方法。

二、现代酒店系统评价

对于现代酒店系统而言，酒店经营效果的好坏直接反映了酒店系统经营管理的水平和业绩。因此，现代酒店系统评价实质上就是酒店经营效果的评价。评价方法通常采用经营绩效评价法。

（一）评价指标

酒店系统的绩效评价可以通过考核酒店系统的资金周转率、销售利润率和资金利润率三项指标来进行。

$$资金周转率=\frac{销售额}{资金总额}\times 100\% \tag{2-19}$$

$$销售利润率=\frac{利润}{销售额}\times 100\% \tag{2-20}$$

$$资金利润率=\frac{利润}{资金总额}\times 100\% =销售利润率\times资金周转率 \tag{2-21}$$

对于酒店而言，资金利润率是反映酒店经营效果的一个综合性指标，是酒店绩效的评价标准。如果酒店的资金利润率低于一定的限度，酒店将无法生存和发展，这个最低限度就是酒店经营必须达到的资金利润率标准。这个标准可根据酒店的历史资料并参照同行业标准而定，或者按投资者的要求而定。

（二）评价曲线与评价区间

1. 评价曲线

若令z为资金利润率，x为销售利润率，y为资金周转率，则由式（2–21）得$z = x \times y$。由此式可以在坐标系中画出代表不同资金利润率的曲线组（见图2–2）。

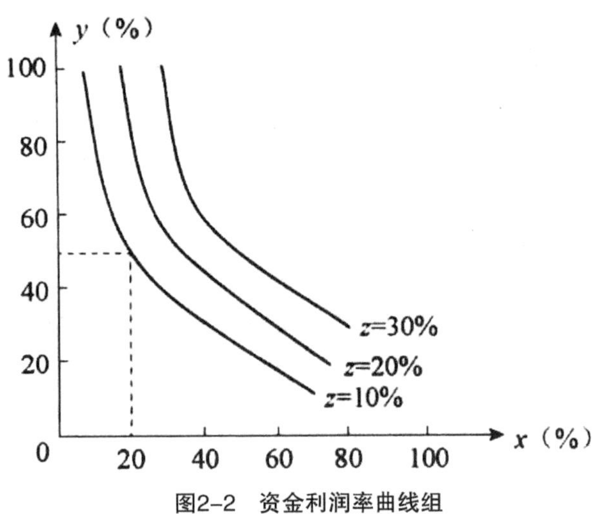

图2–2　资金利润率曲线组

从图2–2可见，z值所表示的资金利润率越大，曲线离坐标原点越远。

利用资金利润率曲线组，可以由已知的任意两项指标查得另一项指标。

2. 评价区间

评价曲线的评价区间可由盈亏临界曲线画出。盈亏临界曲线是指按酒店最低资金利润率标准作出的$z = x \times y$曲线。

例如，某酒店的最低利润率标准为10%，则在x-y坐标系上画出此临界曲线，作过坐标原点顶角平分线，可得图2–3的四个区域。

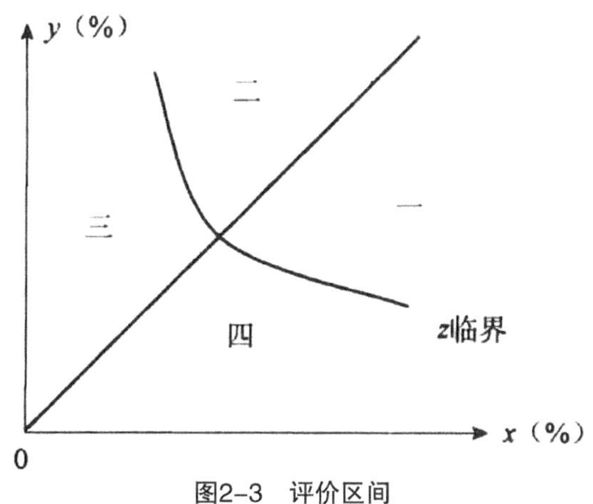

图2-3　评价区间

区域一为资金积累型盈利区。酒店经营状况处于此区域时可盈利，盈利主要是因为有较高的销售利润率，而资金周转率并不高。

区域二为资金周转型盈利区。酒店经营状态处于此区域时可盈利，盈利主要是因为有较高的资金周转率，而销售利润率并不高。

区域三为利润过低型亏损区。尽管此状态的资金周转率很高，但由于销售利润率太低而造成亏损。

区域四为资金积压型亏损区。亏损是由于资金周转太慢产生资金积压引起的。

由上述四个区域的分析可见，要使酒店经营处于盈利状态，则必须对销售利润率和资金周转率进行合理的组合，任何一项的极端都不能促使酒店经营创利。从理论上说，销售利润率和资金周转率的最优组合应该处于临界曲线上方的对角线上。绩效优化的目的在于经营创利，所以任何优化措施的目标都应该是使酒店的经营状态的坐标点趋于这条对角线。

三、现代酒店系统优化

现代酒店系统优化可以通过系统绩效的评价和分析来达到。优化的目的在于对原有的系统状态进行分析、改造以提高系统的经营效果，创造更大的利润。因为现代酒店系统的评价可以通过评价区间、评价曲线分析来达到。所以，可以用评价曲线进行系统的优化。采用评价曲线进行系统优化的步骤如下。

（1）根据酒店的经营数据，按式（2–19）和式（2–21）计算出酒店资金周转率（y）、销售利润率（x）等评价指标。

（2）根据酒店的最低资金利润率标准，在$x-y$坐标系中作出盈亏临界曲线（z）及对角平分线，得出如图2–3所示的评价区间。

（3）按照步骤（1）计算的x、y值确定酒店经营状态在评价区间的坐标位置和所处的区域，分析所处状态的经营情况，并提出优化方案。

（4）通过优化方案的分析、比较并制定出最佳优化方案。

（5）对优化方案实施的具体情况进行分析，预测优化方案实施后可能达到的绩效指标。为使系统优化能保持适应性，必须经常对系统的绩效进行分析，不断进行优化。

优化措施既要照顾目前利益，又要考虑措施的时间性和合理性，如此才能达到系统优化的目的。

综上所述，现代酒店的绩效评价与优化流程可用图2–4表示。

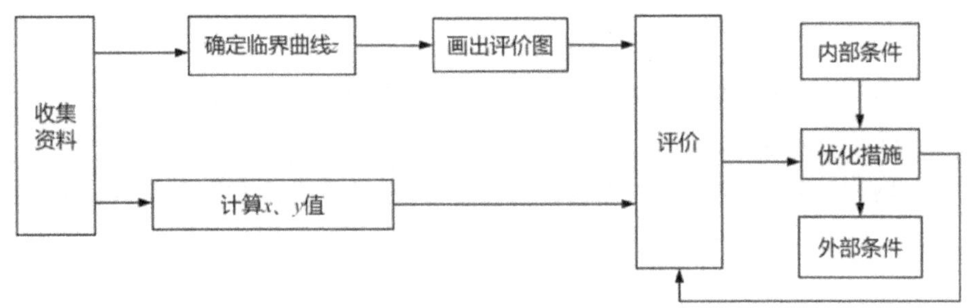

图2–4　现代酒店的绩效评价与优化流程

第三章　现代酒店资源管理

第一节　现代酒店财力资源管理

酒店的经营活动，从价值上看是资金运动的循环过程，并贯穿酒店经营活动的始终。

一、现代酒店财力资源管理的概念

现代酒店的经济活动过程，实质上就是资金从被占有到以货币形态被重新收回的循环过程。资金的这种循环过程以会计形式表现，构成了酒店财务。因此，从狭义上说，现代酒店的财力资源管理就是酒店的财务管理。它体现了酒店经济活动过程中由资金运动所形成的经济关系。

二、现代酒店财力资源管理的内容与方法

（一）现代酒店财力资源管理的内容

1. 资金管理

（1）筹资和投资管理，主要是指按计划从各种渠道筹集资金并进行投资活动的管理。

（2）各项资产管理，主要包括流动资产、固定资产、无形资产、递延资产及其他资产的管理。

（3）外汇资金管理，主要是对各种外汇资金及其风险的管理，以实现外汇收支平衡。

2. 成本与费用管理

这主要是对现代酒店成本与费用的开支标准、开支项目、开支范围的管理。

3. 营业收入、税金、利润的管理

这主要是对现代酒店收入的实现及其分配进行的管理。

4. 经济活动分析

经济活动分析也称为财务分析，主要是通过财务报表对现代酒店的经营活动及其所取得的财务成果进行考核、分析与评估。

（二）现代酒店财力资源管理的方法

现代酒店财力资源管理的方法有以下几种。

一是财务预测和财务决策。现代酒店财务预测是在充分调查研究的基础上，根据掌握的资料，运用科学的方法对酒店前期的投资建设和经营中的财务情况所作的展望和估计。财务决策为经营者决策提供各种财务资料和经济信息。

二是计划管理。计划管理就是编制和执行财务计划。它是酒店财务部门对资金运动进行管理的一种方法，是规划酒店资金占用量、成本费用水平和盈利能力的一种手段。

三是建立各项财务管理制度。

四是实行定额管理。定额管理是指为了保证经营活动的正常开展，对酒店的资金占用和耗费规定的一定数额。

五是日常控制。日常控制是指在经营过程中，对资金的收入、支出和占用、耗费等进行严格管理，将其控制在计划规定的范围之内。

六是财务检查。

七是清查财产。

八是编制财务报表。

九是财务分析。财务分析的内容包括资金分析、成本费用分析和盈利分析等。

三、现代酒店财力资源开发

（一）资本金的筹集

资本金是酒店在工商行政管理部门登记的注册资金。企业实际收到投资者投入企业的资金称为实收资本。资本金等于实收资本，也等于注册资金。酒店资本金由四个方面构成：国家资本金、法人资本金、个人资本金、外商资本金。

资本金的筹集方式有国家投资、各方集资、发行股票。

酒店资本金可由投资者用各种形式投入：现金投资、实物投资、无形资产投资（包括专利权、商标权、非专利技术、土地使用权）等。

（二）负债融资

负债融资是指通过负债筹集资金，通俗地说就是举债经营。负债是酒店一项重要的资金来源，几乎没有一个酒店只靠自有资本而不负债就能满足资金需求。

（三）资金成本

资金成本是指现代酒店为筹集一定数量的资金而支付给资金提供者的一种报酬。在酒店财力资源管理上通常用相对数表示资金成本，并把这种资金成本额同所提供的资金之间的比率称为资金成本率，见式（3–1）。

$$资金成本率=\frac{资金成本额}{筹集资金总额-筹资费}\times 100\% \quad (3\text{–}1)$$

四、现代酒店财力资源计划管理

（一）资金计划

1. 固定资金计划

固定资金计划主要包括固定资产总值、固定资产平均总值、固定资金利润率等指标。

2. 营运资金计划

酒店的营运资金计划也称流动资金计划，是确定酒店在计划期内流动资金需要量、流动资金来源及利用效率目标的计划。酒店的营运资金计划主要包括流动资金占用额、来源额和利用效率三个部分。

3. 销售收入计划

销售收入计划是确定酒店计划期销售商品和提供劳务的数量与金额的计划。现代酒店销售收入计划包括酒店所有营业部门的销售收入情况和预测值。它包括三个方面的销售收入目标与预测：客房销售收入计划、餐饮销售收入计划、其他销售收入计划。

（二）成本费用计划

1. 营业成本计划

（1）餐饮成本计划。餐饮成本计划是指达到预期成本指标的一种行动方案。餐饮成本计划的指标包括计划期饮食产品成本额、每一品种或主要品种的计划单位成本、主要原材料耗用成本、成本降低额。

（2）商品销货成本计划。商品销货成本计划一般按大类商品编制，通过计划确定每一大类商品销货成本，考察和掌握各类商品销货成本的构成，预测成本水平，控制销货成本，计算经营损益，确定计划目标利润。

2. 费用计划

酒店的费用包括酒店的营业费用和企业管理费两部分。费用计划是通过制订计划指标来达到的。酒店费用计划指标的计算方法有销售额百分比法、规定费率计算法、直接计算法、按预算包干数确定法。

（三）利润与利润分配计划

酒店利润计划的指标内容及酒店利润计划指标主要由经营利润、营业外收入、营业外支出和利润总额构成。

利润分配计划。上缴所得税后的利润分配包括法定盈余公积金提取、公益金提取、投资者利润分配等。

（四）财务收支计划

1. 年度财务收支计划

年度财务收支计划是以收支平衡表的形式，集中地反映各个单项计划（如固定资产折旧计划、流动资金计划、利润计划和专用基金计划等）的最终成果，并表明酒店计划年度主要的财务收支情况和酒店同银行之间借、还款关系，以及酒店与其他企业的投资关系等。

2. 月度财务收支计划

月度财务收支计划一般也是以平衡表的形式，集中地反映酒店某一个月内预计的货币收入和支出数额及其平衡的关系。

（五）借款还款计划

借款还款计划规定酒店计划年度基建借款、专用借款以及外汇借款的借入、归还和年末未还数额。这部分计划应根据酒店现有借款种类、借款计划或借款合同进行分类编制。

（六）外汇收支计划

外汇收支计划是酒店财务计划的重要组成部分，它集中反映有关外汇收支指标的计划情况。

五、现代酒店营运资金管理

（一）货币资源管理

1. 现金管理

（1）现金流量的预算包括：①销售额（营业收入）预算，包括客房、餐饮、商场、娱乐、出租汽车等的销售额预算；②账款收现及其他现金收入；③现金支出；④净现金流量与现金余额。

（2）现金流转控制。为了使现金流转同现金预算估计数保持连续不断的比较，最方便的方法是使用现金收支日报表和现金收支月报表。

（3）现金的日常管理。现金的日常管理包括：①正确核定与执行库存现金限额；②严格遵守现金的使用范围；③严格执行现金收支规定；④定期与银行核对账单，及时纠正差错；⑤严格核定业务周转金定额；⑥建立健全现金的内部控制制度；⑦加强现金保管和交款、提款过程的安全防卫工作。

2. 银行存款管理

（1）银行存款管理。

（2）支票管理。

3. 业务周转金管理

业务周转金管理一般有两种方式：一种是采用定额周转金办法，即由财会部门根据实际开支情况，规定业务周转金限额，并按此限额预付款项，实际支用后进行报销，补足原来限额；另一种是按估计需要用数支付，实际支用后一次报销，多退少补。酒店各营业网点收款的业务周转金通常有三种管理方法：班前领用、班后退还，各自领用、各自保管，交接使用、每天退还。

（二）债权资本管理

赊销额的控制。现代酒店赊销额的大小取决于酒店的信用政策。有些酒店采用紧缩的信用政策，则营业收入中赊销收入较小，现销收入比例较大；反之，采用松弛的信用政策，则营业收入中赊销收入较大，现销收入比例较小。

信用政策的确定。

收款期的控制。应收账款收款期越长，形成呆账的可能性越大，风险也就越大。控制应收账款的收款期，一般采用定期编制账款分析表的方法，以便掌握不同收款期的应收账款的分布情况。

加强应收账款的催收工作。

现金折扣政策。

坏账准备。

（三）应收票据的管理

票据属于有价证券，是出票人自己承诺或委托付款人在见票时或指定日期无条件支付一定金额、可以流通转让的有价证券，包括期票和汇票两种。

第二节　现代酒店物力资源管理

一、现代酒店物资管理

（一）物资管理概述

现代酒店物资管理是酒店的一项重要管理职能。酒店的经营管理活动必须有一定数量的物资储备作基础。如果酒店物资储存数量过大，不仅会造成酒店资金的积压，还需支付库存保管费用。另外，食品原料经过长期储存会变质或降低规格，造成很大的浪费。因此，为了提高经济效益，现代酒店应该合理地控制物资采购数量，科学地进行物资保管。

1. 现代酒店物资管理的特点

（1）现代酒店的物资品种多，要求标准高。一个中型酒店一般需要几百种乃至上千种物资，四星级、五星级的酒店需要的物资数量会更多，而且随着酒店等级的提高，所需物资的标准要求也越来越高。

（2）现代酒店许多物资的单价低，但是需求量大。现代酒店的日常运转需要大量的低价值物品，如客房用品中的小香皂、牙刷、餐巾纸、卫生筷等。虽然这些物品价值较低，容易被管理人员和员工忽视，但是需求量大，如果管理不善，就会造成这些物品的丢失和浪费，势必会加大酒店的成本，影响酒店的经济效益。

（3）现代酒店物资重复使用量大，周转环节多。酒店的很多物资是需要重复使用的，如客房的棉织用品、餐具等。这些物品在使用、洗涤、重新使用的环节中，要经过客房、餐厅、洗衣房、仓库等许多地方，周转环节多，物品管理的难度大。

（4）物资管理工作直接影响酒店的服务质量。物资供应是现代酒店正常经营和服务的基础，如果物资不能按时供应，必然影响酒店的正常经营。如果物资质量较差，则会影响其使用效果，从而降低服务质量。如果物资品种不齐全，就无法为客人提供高质量的服务。因此，服务质量的优劣与物资的供应、物资的质量、物资的保管工作密不可分。

2. 现代酒店物资管理的内容

酒店物资管理工作的主要内容有以下三个方面。

（1）物资供应的计划工作，包括物资消耗定额和储备定额的制定与管理、物资供应计划的编制与执行。

（2）物资供应的组织工作，包括物资采购的申请与订货、物资的验收入库与仓库管理、物资的发放与回收利用等。

（3）节约开支、资金占用的管理工作，包括物资的价格、资金的占用量和占用时间等。

（二）现代酒店物资存储原理与方法

1. 存储原理

（1）需求。酒店存储物资的目的是满足需求。酒店的物资需求有两种形式：一种为确定型需求，即需求量是明确的；另一种为随机型需求，虽然这种需求从表现上看是偶然的，但是利用统计资料进行分析，可以找出其规律。

（2）采购（补充）。酒店存储的物资会因为需求而不断减少。为了保证酒店的经营运转，维持物资持续的供应，必须及时给予补充。酒店物资补充的方式一般是向其他厂商采购，也有一些物资，如饮料、点心等可以自己生产。

（3）费用。在存储或采购时，必须支付一些费用，这些费用可以分为三类。

①存储费。存储费是酒店为已采购物资的保管、储存所支付的费用。

②采购费。采购费主要包括采购物资的手续费、采购人员的差旅费、交流沟通产生的通信费等。采购费用与每次采购物资的数量无关，但与采购次数有关，

采购次数越多，则采购费用越高。

③缺货损失费。缺货损失费是指由于库存物资不足，酒店失去销售机会而引起的损失，即因缺货或供应不足而蒙受的损失。

（4）存储策略。存储物资数量过多，必然造成存储费用的上升；反之，减少存储物资的数量，则采购次数将增加进而引起采购费用的上升，而且有可能出现供应不足的情况。因此，管理人员必须制定正确的物资存储策略，使酒店为存储物资而支付的存储总费用达到最低。

2. 存储方法

存储方法应由需求方式来确定。

（1）确定型存储方法。确定型存储方法是指物资需求量为确定的数值。确定型存储方法按照酒店的供应方式又可分为不允许缺货和允许缺货两种。

①不允许缺货的确定型存储方法。酒店认为有些物资必须始终保证供应。对这类物资应采用不允许缺货的存储方法。不允许缺货的存储方法主要有以下两种。

第一，订货点法。订货点法的基本思路是当库存的物资消耗到一定库存数量时，必须立即发出订货单，以保证在剩余的物资用完之前，又有新的物资补充进来。这时的库存数量称为订货点。订货点的确定必须正确合理，既不能造成物资积压，又能引起供应脱节。

库存物资的周转过程如图3-1所示。时间轴从原点O开始，库存物资数量在原点O时为Q，随着酒店业务的持续进行，库存物资量不断消耗，由Q降至H。这时酒店必须开始进行采购，因为采购物资需要时间，不可能立即补充到位。在等待采购的物资到来的这一段时间t_1~t_2内，酒店业务仍在照常进行，因此库存物资量又由H降至M，这时新采购的物资运到，库存物资数量又重新恢复到Q，这样就完成了一个循环。从t_1到t_2是发出订货单到收到订货的时间，称为订货周期。为了避免发生意外而影响酒店的正常经营业务活动，酒店必须保留一部分物资储备。这部分物资的数量M称为保险储备量。从这次采购到下次采购所完成一次循环的时间（t_1~t_3），称为订货间隔。

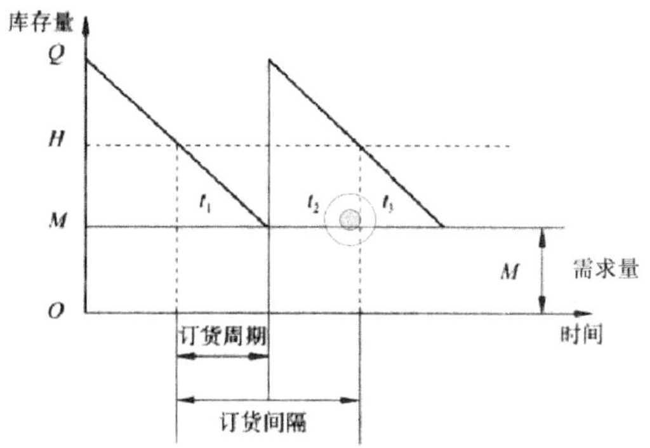

图3-1　库存物资周转过程图

由图3-1可知，酒店发出订货单的库存量，即订货点是*H*。*H*的计算公式为

$$H=t\times d+M \tag{3-2}$$

其中，*H*为订货点（箱、件等）；*t*为订货周期（日、月等）；*d*为平均需求量（箱/日、件/月等）；*M*为保险储备量（箱、件等）。

在使用上式确定订货点时，订货周期与平均需求量单位要统一。

保险储备量的大小可根据供应商的供货表现来确定。

订货点法虽然简单易行，但是没有考虑到存储和采购费用。这个方法适用于需求量较大而周转较快的物资。

第二，经济订购批量法。酒店某项物资的全年需求量为*T*，但酒店绝不会一次将一年的需求量（*T*）全部采购回来，必须将*T*分成等份，进行多次采购，每次采购量为*Q*，每次采购间隔时间为*t*。一年采购若干次，则全年分成若干段。如图3-2所示，全年采购4次，则4段*t*之和为一年的订货周期。*R*为满足订货周期的库存数量。

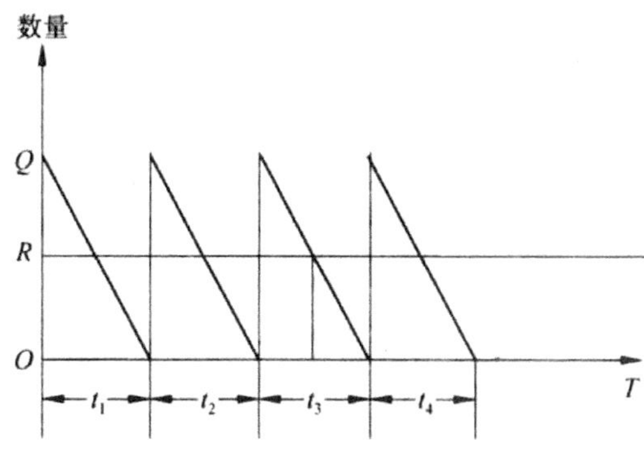

图3-2　经济订购批量法示意图

显然，酒店全年储存某项物资的数量为若干个三角形面积之和，即

$$\frac{1}{2Qt_1}+\frac{1}{2Qt_2}\cdots\frac{1}{2Qt_n}=\frac{1}{2Q\left(t_1+t_2+\cdots+t_n\right)} \tag{3-3}$$

其中，若干个t之和等于1，即某项物资的全年平均储存量为$\frac{1}{2Q}$。全年需求量为T，每次采购量为Q，则全年采购次数为$\frac{T}{Q}$。

设：存储费用为C_1元/（单位货物·年），采购费用为C_3元/次。

则全年的存储费用为

$$y_1=\frac{1}{2}QC \tag{3-4}$$

全年的采购费用为

$$y_2=\frac{TC_3}{Q} \tag{3-5}$$

全年的总费用为

$$\begin{aligned}F&=y_1+y_2\\&=\frac{QC_1}{2}+\frac{TC_3}{Q}\end{aligned} \tag{3-6}$$

因为不允许缺货，所以不存在缺货损失费。

由式（3-6）可知，随着每次采购量Q的变化，总费用F、存储费y_1和采购费y_2都会随之产生变化。如图3-3所示，存储费用随着批量（每次采购数量）的增加而增长。因为每次采购量大，所以仓库中的年平均存储量也大。采购费正好相反，随着批量的增加而减少，因为每次采购量大则采购次数减少。总费用开始是随批量增加而减少，但过了批量Q以后，批量越大，总费用也越大。总费用最低时的批量数为Q，这时称Q为最佳订货批量。当每次采购量为最佳订货批量时，存储费用与采购费用恰好相等，即

$$\frac{QC_1}{2}=\frac{TC_3}{Q} \tag{3-7}$$

则

$$Q=\sqrt{2C_3T/C_1} \tag{3-8}$$

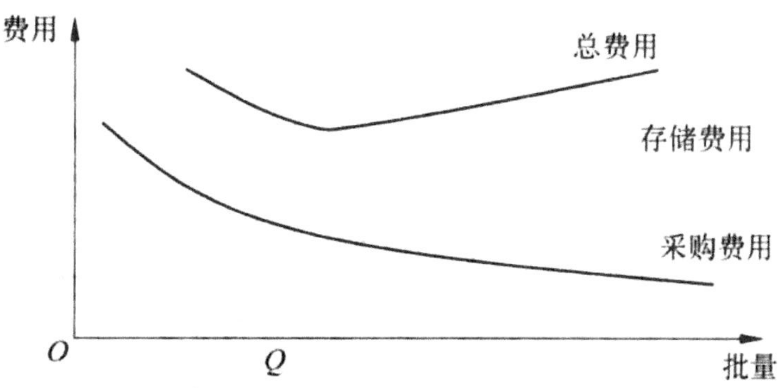

图3–3　存储费随批量的增加而增长

式（3–8）为经济订货批量公式，简称为EOQ公式。将式（3–8）代入式（3–7）可得全年最低总费用公式

$$F=\sqrt{2C_1C_3T} \tag{3-9}$$

总之，使用经济订购批量法仅靠套用公式是不够的。如果有些物资处于供不应求的状况，将给EOQ公式的使用增加难度，这就需要管理人员在实际工作中领会其基本思想，灵活使用。

②允许缺货的确定型存储方法。酒店有些物资出现缺货现象，对酒店可能是有利的。因为采取允许缺货的采购方法，当库存降到零时不必急于补充，可以等一段时间再采购，这时酒店虽然产生了缺货损失，但可以大大降低存储费用和采购费用。

酒店采用允许缺货的采购方法必须有先决条件，即不影响酒店正常的经济活动和酒店的声誉。

采用允许缺货的采购方法时，物资的存储量变化如图3–4所示。

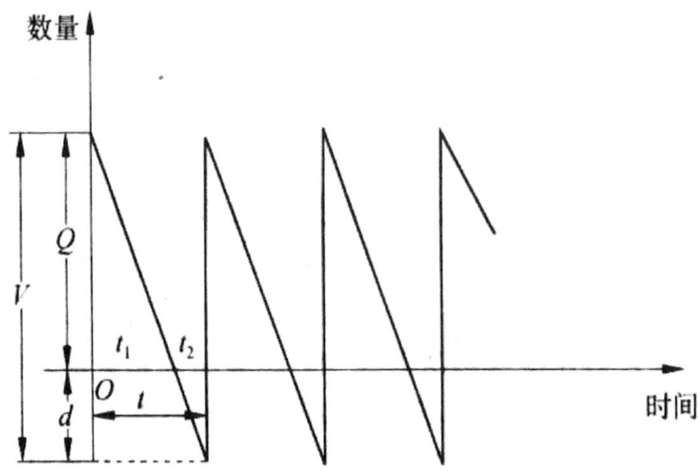

图3–4 允许缺货采购方法时，物资存储量变化图

Q为每次采购数量；d为缺货数量；V为实际需求数量；t_1为有货供应时间；t_2为缺货时间；t为采购间隔时间。

全年平均存储量为时间轴上方三角形面积之和，全年平均缺货量为时间轴下方三角形面积之和。

设：

单位物资储存费为C_1元/（单位货物·年），表示每单位货物每年的储存成本。

单位物资缺货损失费为C_2元/（单位货物·年），即每单位货物每年因缺货产生的损失费用。

每次采购费为C_3元/次，指每进行一次采购所发生的费用。

则全年总费用为

$$F = \text{存储费} + \text{缺货损失费} + \text{采购费} = \frac{(V-d)^2}{2V}C_1 + \frac{d_2}{2V}C_2 + \frac{T}{V}C_3 \quad (3\text{–}10)$$

其中，实际需求量为

$$V = \sqrt{2TC_3\left(C_1 + C_2\right)/C_1C_2} \quad (3\text{–}11)$$

缺货量为

$$d = \sqrt{2TC_3C_1/C_2\left(C_1 + C_2\right)} \quad (3\text{–}12)$$

最佳采购量（允许缺货）为

$$Q = V - d = \sqrt{2TC_3(C_1+C_2)/C_1C_2} - \sqrt{2TC_3C_1/C_2(C_1+C_2)} = \sqrt{2TC_3C_2/C_1(C_1+C_2)} \quad (3\text{–}13)$$

最低总费用为

$$F = \sqrt{2TC_1C_2/(C_1+C_2)} \quad (3\text{–}14)$$

（2）随机型存储方法。对于某些特殊的物资，运用确定型采购方法是无法解决的。

例如，酒店某项设备所需的备用部件，市场上无现货供应，必须在工厂制造该部件时就确定备用件订购的数量。如果该部件不损坏，备用部件将毫无用处，从而造成浪费，但是，如不预先订购，万一该部件损坏，对酒店所造成的损失更大。对这些物资的需求都有一个共同特点，即需求量是不确定的，只能通过历史资料才能计算出不同需求量出现的概率。对于需求量随机变化的物资，必须运用随机型采购的方法来解决。

（三）现代酒店库存物资管理

酒店所需物资种类繁多，其重要程度、消耗数量、价值大小也各不相同。为了提高酒店的经济效益和管理各种物资，酒店管理人员必须运用ABC分类法对数以千计的物资进行科学的分类，根据不同类型物资的特点，采用不同的管理方法。

1. ABC 分类法

ABC分类法是ABC分析法在物资管理中的运用。

在物资管理过程中，按照“关键的是少数，次要的是多数”这一原理把物资分成三类。

（1）A类物资。这类物资在物资数量上只占了酒店使用物资总数量的5%～10%，而这类物资所占用的资金一般占资金总额的60%～70%，因此这类物资属于关键的少数物资。

（2）B类物资。这类物资在数量上和资金上一般都占20%左右，属于一般物资。

（3）C类物资。这类物资的数量占酒店使用物资数量的60%～70%，而所占用的资金额却占资金总额的15%以下，是次要的多数物资。

ABC分类法的两个标准是物资数量的累计百分比和资金占用额的累计百分比。分类标准的百分比可根据物资管理的要求，由管理人员具体掌握确定。

2. ABC 分类法的具体步骤

（1）列出物资品种和占用资金表。

（2）根据各种物资所占用资金的多少，按从多到少的顺序排列，列表后计算每种物资所占用资金总额的百分比，并计算资金累计百分比。

（3）计算每种物资数量占物资总数的百分比，并计算数量累计百分比。

（4）作ABC分类曲线图进行分类。

（5）分类后，管理人员就可以对不同类别的物资采用不同的管理和控制方法。对A类物资必须进行严格的控制，进出都必须有详细记录，并经常检查，要详细计算采购数量；对B类物资只需给予一般控制和管理；而对C类物资只要稍加控制即可。

二、酒店设备管理

（一）设备管理概述

设备管理是指围绕酒店的设施、设备运动形态和效用的发挥，对其进行选择评价、购置安装、维修保养、更新改造、报废处理的全过程的管理。设备是酒店进行经营业务活动必要的物质条件。酒店设备的先进与否和各类设备的完好率直接影响酒店的级别和服务质量。因此，酒店管理人员应加强对酒店设备的管理，保证酒店的正常经营。

1. 现代酒店设备的种类

现代酒店设备是指单位价值在2000元以上，使用年限在一年以上并与酒店经营有关的固定资产。酒店设备按其性能可以分为以下十类。

（1）给排水系统设备，包括冷水、热水供应，水处理和排水及卫生设备。

（2）供电系统设备，包括输电设备、配电设备和用电设备等。

（3）通信系统设备，包括电话通信系统，内部通信系统，电传、传真系统和微机设备系统。

（4）空调、冷冻、通风系统设备，包括空气处理、输送、分配和冷热源四大部分。

（5）电梯系统设备，包括客用、职工货物用、消防用电梯，自动扶梯和观光电梯。

（6）健身娱乐设备。

（7）音像系统设备，包括音乐、广播系统和电视系统设备。

（8）安全设施，主要是消防保安系统设备。

（9）厨房和清洁卫生设备，包括厨房和洗衣房设备，以及公共清洁设备。

（10）办公设备，主要有商务中心和酒店内部办公设备。

2. 现代酒店设备管理的任务

现代酒店设备管理的任务是根据酒店等级规格和接待对象，做好各种设备的采购、配置，制定各项管理制度，加强使用过程中的维修保养、更新改造和经济技术分析，提高设备使用效率，降低物化劳动消耗，提高经济效益。其具体表现如下。

（1）正确地选购设备。根据技术上先进、经营上适用、使用上安全、经济上合理的原则，正确地选购设备，为酒店提供优质的技术装备。

（2）保证各类设备处于最佳使用状态。特别是直接服务于宾客的设备，要做到百分之百的完好率。

（3）制定各类设备的安全操作规程，合法维修保养制度。经常检查设备的运行状态和安全性能，培训合格的操作人员，保证机器和人身安全。

（4）培养酒店员工的全员化设备管理观念。酒店的每一种设备设施的使用、保养、检查、维修任务都要落实到人，使每一个员工都认识到自己对酒店的设备负有责任。

（5）做好现有设备的更新改造工作。包括设计、技术论证、筹措资金等，经济、合理地使用老设备，实现增收节支。

（6）保证引进设备的正常运行。掌握引进设备的操作技术，做好引进设备零配件的供应和维修工作。

（二）设备的选购与更新

1. 现代酒店设备选择的标准

现代酒店在选购酒店设备时要考虑社会、经济和酒店本身的一些因素，争取选购的设备成本最低、质量最好。其选择的具体标准有以下三个方面。

（1）成本最低原则。现代酒店在选购设备时不仅要充分考虑设备使用的自然寿命、设备的技术发展速度、设备在使用中的节能情况，还要考虑设备使用周期中的总费用大小，要对其进行经济评价，力争使所选购的设备长期使用成本最低。

（2）安全方便原则。客人的安全是以设施设备的安全运转为基础的。在选购酒店设备时，要对设备的安全性能进行测试，选择符合国家标准、在同行业中享有较高声誉的产品。考虑酒店设备使用的方便性主要是为了提高员工的工作效率。同时，有的设备是供客人使用的，如电梯、电视，因此，设备使用的方便性也是客人的需求。

（3）综合配套原则。酒店设备的综合配套有两层含义：一是指酒店设备本身及各种设备之间要配套，包括单项配套、相互配套、设备数量配套和外观配套。二是指设施设备要与酒店的经营管理、发展规模相配套，要考虑酒店的星级标准、经营特色；外露型设备的外观要有装饰性，与酒店的格调相符。

2. 设备的经济评价

为了降低酒店选购设备的经济成本，酒店应对要选购的设备进行经济评价，通过对几种设备的对比分析，从中选择最为经济的设备。设备的经济评价是酒店设备投资的决策依据。评价方法有以下两种。

（1）设备投资回收期法。设备投资回收期法是以设备投资额回收期作为对购买设备的评价标准。在其他条件相同的情况下，应选择回收期最短的一种设备。设备投资回收期的计算公式为

$$设备投资回收期=\frac{设备投资额}{年利润+年折旧} \qquad (3\text{-}15)$$

（2）追加投资回收期法。在选购设备时，既要考虑设备的购买价格，又要考虑设备的使用成本。常用的方法是追加投资回收期法，其计算公式为

$$追加投资期=\frac{P_2-P_1}{C_1-C_2} \qquad (3\text{-}16)$$

其中，P_1、P_2为可供选择设备的投资额，$P_1>P_2$；C_1、C_2为可供选择设备的年使用成本，$C_1>C_2$。

设备投资评价只是对设备投资选择中以价值出现的因素做了定量分析，无法对设备的其他性能进行评价。因此，在选购设备时，选购人员还应根据设备选择的原则对其他的一些因素进行定性分析，作出最好的投资决策。

3. 设备更新的策略

（1）设备的寿命。

①自然寿命。设备的自然寿命是指设备从开始使用到由于设备的机件磨损超过限度而无法使用为止的时间，也是通常所说的设备寿命。设备的自然寿命是传统的设备更新策略的主要依据。

②技术寿命。设备的技术寿命是指设备从开始使用到设备由于功能落后而造成生产出的产品缺乏竞争能力，而被具有更好功能的设备淘汰的时间。

③经济寿命。设备的经济寿命是指在设备的自然寿命还未结束以前，设备的维修保养费用的增加。例如，对利润下降的损伤等因素进行经济分析，找出各种费用之和最低的时间以决定设备更新的年限。

（2）设备残值。设备残值指设备淘汰后转让给其他单位或作为废品处理给废品收购部门后可以回收的价值。设备使用越久，残值就越低。

（3）设备更新策略。酒店更新设备应以设备的经济寿命为标准，通过对各种费用的分析和计算，找出最佳的更新年限。

在设备更新中，需考虑到：①设备每年的维修保养费用呈非线性增长；②因使用年限的不同，设备残值也各不相同；③在总费用中设备因技术落后而损失的利润。在此条件下，可采用列表的方法计算每年的总费用，从而找到最佳更新年限。

第三节　现代酒店信息资源管理

一、现代酒店信息资源

（一）现代酒店信息资源的概念

目前，国内外学者对现代酒店信息资源这一概念的认识和理解存在狭义与广义之分。狭义上将现代酒店信息资源理解为酒店经营活动中的文献集合、数据集合、信息集合或信息技术集合。广义上将现代酒店信息资源理解为现代酒店信息活动中所有要素的总称。

（二）现代酒店信息资源的构成

现代酒店信息资源由三部分构成：一是酒店经济活动中经过加工处理并大量积累后的有用信息的集合；二是为某种目的而生产有用信息的信息生产者的集合；三是加工、处理和传递有用信息的信息技术集合。

（三）现代酒店信息资源的经济特征

现代酒店信息资源属于经济资源范畴，因此它具有一般经济学特征。

第一，作为生产要素的人类需求性。信息不仅是一种重要的生产要素，可以取代（或部分取代）物质原料、信息资料等非信息投入要素，而且可以通过与这些非信息要素的相互作用，使之增值。

第二，稀缺性。信息资源之所以具有稀缺性，主要是因为在既定的时间、空间或其他约束条件下，信息资源拥有量总是有限的。

第三，使用方向的可选择性。

二、现代酒店信息资源的管理

（一）现代酒店信息资源管理的概念

现代酒店信息资源管理是指现代酒店为达到预定的目标，有效地运用各种手段和方法，对涉及现代酒店信息活动的各种要素进行的合理组织与控制。

现代酒店的信息资源管理一般可划分为三大块，即控制信息资源管理、运作信息资源管理和市场信息资源管理。控制信息资源管理属于宏观层次，主要由酒店的各层管理人员运用法律、行政、经济等手段予以实施，并进行信息资源的开发和利用。运作信息资源管理属于微观层次，主要是由酒店各操作班组、服务班组来实施。市场信息资源管理是沟通宏观与微观两个层次的桥梁，市场信息资源的合理开发与运用必然会对酒店的经济活动产生巨大的推动作用。

（二）现代酒店信息资源管理的特征

一是突出组织机构层次的信息管理或面向组织的信息管理。这种信息管理不是酒店层次的，也不是个别层次的，而是组织机构层次的。

二是追求将技术因素和人文因素结合起来解决问题，即不单纯依靠技术，而是强调运用人文及技术两种因素的合力。

三是关注信息在战略决策、战略管理层次的作用，并提出调整组织机构的结构等问题。

四是从经济学的角度引入商品和市场观念，以经济机制为杠杆来推动对信息资源的管理和利用。

（三）现代酒店信息资源管理的对象、内容和手段

现代酒店信息资源管理的对象是多层次、多因素的，既包括酒店内部各组织层次的信息管理，也包括酒店外相关组织层次的信息管理；既包括与酒店有关的各种信息的管理，也包括涉及酒店活动的人力、财力、物力、机构和环境。从微观的角度来看，现代酒店信息资源管理的对象是与酒店经营管理活动有关的各种数据及各种信息的载体，包括各种文献资料、文书、文件、语言、文字、图像、表格、符号、代码等。从宏观角度上看，现代酒店信息资源管理的对象是酒店的信息处理系统，包括信息网络系统和与信息系统有关的环境。

从微观角度来看，现代酒店信息资源管理的内容主要为信息的处理。它包括信息的收集、加工、传递，信息的反馈与存储，信息的使用和经营，信息的管理策略与对策，信息系统的组织、维护和控制。从宏观角度来看，现代酒店信息资源管理的内容包括现代酒店信息的处理、现代酒店组织中的信息管理、现代酒店信息技术的综合管理、现代酒店的信息政策与信息法规、现代酒店人员的信息心理与信息行为、现代酒店信息价值与成本的测算。

现代酒店信息资源管理采用技术、经济、法律三大主要手段。技术手段主要是指信息技术，它是信息资源管理中占主导地位的因素，是信息管理进入现代化的先决条件。计算机软硬件、计算机网络、管理信息系统多媒体的引入，使现代酒店的信息管理显示出比其他资源的管理更明显的效果。经济手段主要是通过经济政策，把信息以及信息所带来的效益提高到经济的层次上，并使之与经济的发展相联系，使咨询信息与信息技术为经济服务，从而形成信息经济。法律手段是通过各种信息法规、政策的建立和实施来达到信息管理的目的，是实现信息管理规范化和有序化的有力手段之一。

三、现代酒店信息的管理

现代酒店信息的管理是对酒店经营管理活动中各种信息进行系统的处理和管理，包括信息的收集、加工、传递、反馈、存储、维护和使用等整套程序与工作。

（一）现代酒店信息的收集

1. 现代酒店信息收集的范围

现代酒店需要收集的信息范围有以下五个方面。

（1）上级信息，指上级领导机关下达的信息。

（2）系统内信息，指现代酒店的行业领导和隶属系统内的信息。

（3）平行信息，指同行业相关单位的相关信息。

（4）社会信息，指人们对酒店的印象、反映、意见、建议和要求。

（5）经营活动信息，指现代酒店开展经营活动所需要的有关信息。

2. 现代酒店收集信息的途径和方法

现代酒店信息收集的途径和方法随信息收集范围的不同而有所区别，包括以下五个方面。

（1）上级信息主要通过公文、函件、会议记录和电话记录方式来收集。

（2）系统内信息的收集主要通过酒店内部运作中的各种报表、数据等方式来实现。

（3）平行信息主要通过建立信息网络来收集。

（4）社会信息主要通过调查访问、会议座谈、咨询和现场巡视等方式进行收集。

（5）经营活动信息主要通过酒店运作中的各种报表、数据，经营活动中的各种观察、记录，酒店各种会议记录和计划，对消费者的调查访问、意见征询和留言等形式来获取。

现代酒店信息的收集也可以根据信息的使用目标不同而采用不同的收集方法。根据使用目标收集信息的方法主要有三种：①自下而上的广泛收集；②有目的的专项收集；③随机积累法。

3. 现代酒店信息收集的原则

现代酒店信息收集的原则包括：针对性原则，实事求是原则，适时提供原则，新、实、准确、简明、快速原则。

（二）现代酒店信息的加工

信息加工是信息处理程序的核心环节。它是指运用科学的方法，对收集的原始信息进行识别、分析、筛选、综合、归类、排序，使之系统化和条理化的过程。

1. 现代酒店信息的识别与分析

现代酒店信息的总量浩如烟海，酒店员工尤其是管理人员应该懂得识别和分析信息，判别不同信息性质的差异，分析判断其价值，从而找到有利于酒店的信息。识别与分析信息的主要方法有以下四种。

（1）时间回溯法。时间回溯法包括由远及近的顺溯法和由近及远的逆溯法，采用哪种方法要视信息本身的类型和目标而定。顺溯法在老酒店编制店史、店志、大事记中运用较广。如果要辨析大型酒店的投资额、建设周期、酒店产权买卖、无形资产价值计算，国有酒店跨国发展中的资产流失、酒店产权和经营权转让中的欺诈行为、宾客对酒店服务的投诉重点等，宜用逆溯法，以追溯到最新的信息和数据，从中筛选出最典型、最有说服力的材料。

（2）系统归纳法。系统归纳法是将收集到的所有信息按照一些标准进行归类整理，酒店员工可以从中各取所需。酒店在归纳时可以以信息的所属部门、信息的性质等为标准，根据自身的需要进行取舍。例如，某五星级酒店在迎接星级复查前，别出心裁，用大幅报刊广告征求社会各界的评议。酒店共收到626份批评建议，涉及25个营业点。经分类辨析，酒店按性质将其归成六个大类逐一进行整改。

（3）排队法。排队法是根据运筹学的原理，从定性、定量的概率统计角度探索与完善服务质量的有效办法。它又分为经验型和数理分析型两种。在客源高度集中的总台、行李房、电话总机、餐厅、商场等地方，员工来不及运用计算机进行统计分析，仅能根据所接收的信息，分析服务对象的时间顺序、身份、事由（如急着外出、马上要离店或其他特殊情况）等，确定信息的重要性和价值，作出服务时间优先、项目优先、质量优先与否的决断。而根据长期的信息分析，计算机能针对客流量、概率分布、随机因素等设计队列模型，可据此调整人力、物力和服务时间。在信息拥挤的情况下，有限的人力与物力难以做到服务质量的规范统一，因此对部分服务对象可能提供较多的项目或设施，而对其他服务对象仅提供简单的基本服务。

（4）类比推测法。类比推测是根据信息之间的因果、对称、趋同关系，分析与推测信息之间的真伪和重要性。

2. 现代酒店信息的筛选

筛选是对信息进行去粗取精的过程，剔除内容贫乏、与酒店或部门工作关系不大的信息，严格控制价值不大的信息混入信道，以避免增加信道的负担，尽量保持信息流的净化和最佳状态。

3. 现代酒店信息的核实

信息的真实性直接关系到决策的效果。提供内容真实、准确并有较高质量的信息，将有助于酒店正确地指导经营运作和进行科学的决策。因此，应确保信息资料准确无误。

4. 现代酒店信息的编制

在编制信息时，首先，要对信息资料进行分析综合，要分析信息资料的性质，如信息资料的代表性、典型性及其反映的事物的动态情况；其次，要选择信息资料传送的最佳形式；最后，要做好信息资料的分流，保证信息流的净化。

（三）现代酒店信息的传递

按照信息的情况，可以把信息的传递分为三种方式，即单向传递、双向传递和反馈传递。无论采用哪种传递方式，在传递信息资料时，都要注意以下几点：第一，传递信息要选择适当的时机，信息的时效性是通过及时而适时传递来显现的；第二，传递信息要适度；第三，传递信息时要保持信息内容的完整性和连续性。

（四）现代酒店信息的存储

信息的存储是通过建立信息库，对有保存价值的信息进行严格的登记、科学的编码和有序的排列从而存储备用的过程。现代酒店信息的存储通常采用卷宗存储、胶卷存储与计算机存储方式。不管采用哪种存储方式，现代酒店信息的存储都应经过登记、编码和排列三个过程。

（五）现代酒店信息的维护

保持信息处于使用状态叫作信息维护。狭义上，它包括经常更新存储器中的信息，使信息均保持使用状态；广义上，它包括系统建成后的全部管理工作。信息维护的主要目的在于保证信息的准确、及时、安全和保密。

（六）现代酒店信息的作用及其使用

1. 现代酒店信息的作用

（1）改善宾主关系。酒店员工通过对客人完备信息的掌握，可以提高对客服务的主动性，为客人提供高度个性化的服务，从而改善宾主关系，促使宾客产生认同感、依赖感，并形成良好的口碑效应。

（2）促进内外沟通。酒店通过信息的外部沟通，可以让广大宾客了解酒店、熟悉酒店产品，促使他们进店观赏游玩、尝试消费。外部沟通的方式有举办公益性活动、开展商业性公关活动、成立部分服务免费的新型俱乐部以及敞开店门让公众参观等。酒店内部沟通的方式有设立总经理信箱、召开职代会、开展业务讨论、干部述职评议、部门联谊、家属座谈、专题演讲、辩论和对话等。

（3）强化内部控制。酒店可以运用信息理论实现对人力、财力、物力的控制。

①人力信息控制。人力信息控制包括对酒店员工的年龄、学历、外语水平、工作表现、客人评价、考核资料、个人简历，同行工资分配方式和员工平均收入水平，劳务市场动态，储备型人才库，本店员工总体素质、培训计划等信息的掌握与控制。人力信息是劳动力成本核算的基础。

②财力信息控制。财力信息控制的目的是降低采购成本，防止收益截流、资产流失以及跑单、欠账等现象，以提高利润。为此，许多酒店设计了大量的表格和单据，重点控制采购和流动资金，并采取多重交叉的申报支付方式。例如，锦江集团北方分公司的各酒店原采用货比三家、质优价廉的采购方式，现采取联合报价、多方选择的方式，广泛收集厂商、市场价格信息，一年内物品采购成本降低了10%。

③物力信息控制。物力信息控制是指对酒店的固定资产和流动资产的破损、耗费、报废、添置，对物资的验收、仓储、部门调拨等信息的掌握与控制。例如，上海扬子酒店为做好餐饮成本费用管理控制，膳食部食品采购组从收集、分析各类有关信息入手，严格把好市场询价与物资采购、验收与入库、领料与物资出库、仓库管理与损耗四大关，成功地推动了其所属的集团的低成本战略。

（4）寻觅新的市场机会。现代酒店大都以自身为依托，实施一元为主、多元发展的战略。信息在其中可以起到非常重要的作用，帮助酒店在充分发挥自己优势的基础上寻觅新的投资方向，争取新的生存空间，以多元的架构保持酒店的长期稳定发展。

2. 现代酒店信息的使用

现代酒店信息的使用包括两个方面：一是技术方面；二是如何实现价值转化的问题。技术方面要解决的问题是如何高速、高质量地把信息提供给使用者。

信息价值转化是信息使用概念上的深化，是信息内容使用深度上的提高。信息使用深度大体上可分为三个阶段，即提高效率阶段、及时转化价值阶段和寻找机会阶段。

提高效率阶段与数据处理阶段相联系，这时使用信息技术的主要目的是提高效率，手工作业机械化，节省人力。及时转化价值阶段已经认识到管理艺术在于驾驭信息，信息的价值要通过转化才能实现，鉴于信息的寿命有限，只有转化及时，信息才能转化为价值。因此在这个阶段，信息可以说主要用于管理控制。寻找机会阶段是企业利用信息在市场中寻找、捕捉能对企业产生效益的机会。在这个阶段，信息的特征是商品化。

在现代酒店中，信息的使用主要体现在酒店经营活动的管理上，概括起来有以下三个方面：一是在前台系统业务活动中的使用。它包括信息查询、预订客房、入住登记、客账结算、客户档案、销售分析等方面。二是在酒店后台系统业务活动中的使用。它包括人力资源管理、财务管理、设施设备管理、仓库管理、能源控制等方面。三是在决策、预测中的使用。

第四节　现代酒店时间资源管理

一、现代酒店时间资源管理的概念

现代酒店时间资源管理是应用现代科学技术的管理方法对时间的耗费进行预测、预控、计划、实施、检查、总结、评价及反馈，以避免时间浪费，能够既有效率又有效果、既合理又经济地完成预期的酒店管理目标。因此，时间资源管理是避免时间浪费，为时间的消耗而设计的一种系统程序。

二、现代酒店时间资源管理的内容

现代酒店时间资源管理包括以下内容。

一是对现代酒店时间资源管理方法的探索。

二是对现代酒店的有形劳动、无形劳动进行科学的时间管理。

三是对现代酒店时间资源管理效果进行评价。

四是现代酒店时间资源管理现代化研究。

三、现代酒店时间资源管理的基本方法

（一）ABC时间管理法

1. ABC 时间管理法的基本原理

这一方法运用“关键的是少数，次要的是多数”的原理，按在系统中起作用的程度、贡献的大小，将工作分为A、B、C三类，排定优先次序，抓住影响全局对整个系统有举足轻重作用的工作，重点突破。

2. ABC 时间管理分类法的工作分类

根据“关键的是少数，次要的是多数”的原理，对工作进行排队，并根据工作的重要程度将它们分为A、B、C三类，分类的标准与方法如表3-1所示。

表3-1　ABC时间管理法分类的标准与方法

分类	比例	特征	管理要点	时间分配
A类	占总工作数量的20%～30%，每天1～3件	（1）最重要：具有本质上的重要性 （2）最迫切：具有时间上的迫切性 （3）有后果	重点管理 （1）必须做好 （2）现在必须做好 （3）亲自去做好	占总工作时数的60%～80%
B类	占总工作数量的40%～50%	（1）重要 （2）一般重要 （3）巨大的后果	一般管理，最好自己去做，亦可授权别人去办	占总工作时数的20%～40%
C类	占总工作数量的40%～50%	（1）无关紧要 （2）不迫切 （3）影响小或无后果	不管理，可以忘掉	0

根据表3-1的工作分类作巴雷特曲线图。

按累计效果百分数对巴雷特曲线进行分类。A类：关键的、重要的工作；B类：一般性的工作；C类：次要、不重要的工作。

3. ABC 时间管理分类法的操作步骤

ABC时间管理分类法流程如图3-5所示。

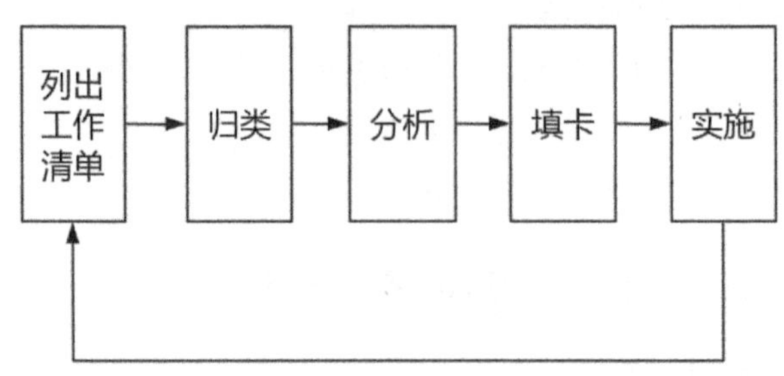

图3-5 ABC时间管理分类法流程

（二）时间管理目标法

此方法适用于一切从事无形劳动的人的时间管理，特别是管理者和领导人员的时间管理。

1. 时间管理目标法的原理

时间管理目标法的原理是运用控制论和反馈原理把目标管理的方法应用于时间管理，起到预控时间的作用，从而达到预定的目标，提高工作的有效性。这是一种很有成效的定量管理时间的方法。

2. 时间管理目标法的关键

目标就是期望取得的成就、成果，因此关键在于选择的目标要准确，若目标偏离、决策不准，则投入的时间越多，浪费的时间也就越多。

3. 时间管理目标法的操作步骤

（1）问题分析。在每一目标区段保留一段最低的批量时间，对酒店的问题加以比较深远的思考，制定决策方案。

（2）拟定目标清单。其中包括成果目标和过程目标，将这些目标按次序排列，从最急迫的到可延缓的依次进行优化，选出最佳目标。

（3）决策后针对目标制定出时间分配标准。目标要具体、定量化，标准越具体，指导性越强。不易定量的目标用“等级表”确定标准，并给以定量时间，确定完成期限。

（4）填写时间管理目标卡，建立时间目标规划体系。

（5）用时间分段法检查和控制时间。

（6）分析、评价和反馈。

（三）时间管理信息法

1. 时间管理信息法的基本原理

时间管理信息法是从分析无形劳动者管理时间的行为的发展过程入手，运用现代科学管理中的三类基本动力中的精神动力和信息动力，采用形象鲜明的格言和总结时间管理的警句，形成一种具有强烈的时间观念的外部环境，使无形劳动者受到激励而始终处于一种持续的兴奋状态，逐步增强无形劳动者的时间观念，从而培养其进行时间管理的习惯，对自己及他人实行全过程的时间管理。

2. 时间管理信息法的管理方式

（1）外部客观环境营造。外部环境营造的原则是采用多种方式创造条件，使环境中的人能随时随地接触到有关时间管理、提高时间效率的信息，通过这些信息的映入和提醒，增强环境中人对时间观念的“点的记忆”。外部客观环境的营造应包括两个方面：①对管理者自身生活全过程进行时间管理的信息输入的环境营造；②使全体人员都能获得时间管理信息输入的环境营造。

（2）环境中人的行为动机激励。人们的时间管理行为产生于很强的时间观念这一动机，而这一动机又是由人们的需要来决定的。因此，需要在动机的激发和行为的产生中起着原动力的作用。

（四）网络计划技术

网络计划技术又称网络分析法，是通过对网络图的绘制、计算、分析来确定和实施计划的一种科学的对劳动时间进行预控计划管理的技术。网络计划技术有两种基本方法：关键路线法和计划评审技术。

关键路线法与计划评审技术的基本原理相同，都是以网络图为基础，通过网络图来反映计划中各项目的顺序关系，分析每个项目在整体计划中的地位，并通过网络图时间的计算来调整、优化计划，以达到有效的劳动时间管理。

（五）时间管理自我诊断法

时间管理自我诊断法是应用案例诊断的原理，对自己的时间使用情况进行自我分析，了解自己的时间使用类型，掌握自己的时间使用规律，从而改善时间使用的方法，提高时间管理的有效性。其做法是把时间管理上的实际处理情况收集起来，以案例的形式进行分类归纳整理，提出常见的处理方式，从而确定自己的时间管理属于何种类型，然后对一些影响时间处理方式的主要问题进行“会诊”，对一些“疑难杂症”进行定向的研究和解决。

四、现代酒店时间资源管理评价

（一）时间管理评价的定义

时间管理评价是指根据人们时间管理的实际状况，通过定性和定量鉴别与测定，对酒店系统中人的时间管理的效果进行综合分析、系统评价，把管理与效果有机地联系起来，提高工作效率和劳动生产率，从而提高现代酒店的管理效益。

（二）有形劳动时间管理评价

1. 评价的指标

（1）数量指标。这是一个定量的评价指标，表明在某一段时间内，酒店在经营管理活动中各项工作所要达到的数量要求。数量指标是评价有形劳动时间耗费程度的重要指标，通常以绝对数来表示。现代酒店的数量指标包括接待人数、营业额、利润额、人均消费额、能源消耗量、物资需要量、职工培训人数等。

（2）质量指标。现代酒店的质量指标是用来表示在某一时间段（计划期）内酒店的人力、财力、物力的利用以及经营活动中提供的产品质量、服务质量、工作质量所达到的水平。质量就是提供满足要求的标准的产品，是衡量产品好的程度，这种程度反映有形劳动时间管理的效果。质量指标越高，其时间成本费用也越高，其关系如图3–6所示。

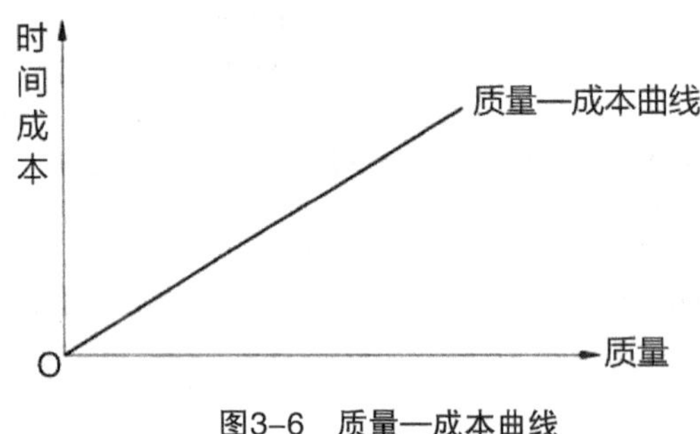

图3–6　质量—成本曲线

可见，质量指标既表现了有形劳动的效果（程度），也反映了有形劳动耗费的效果，通常用相对数（百分比）来表示。现代酒店的质量指标主要有客房出租率、资金利润率、服务质量、劳动生产率和设备完好率。

2. 有形劳动时间管理评价的步骤

有形劳动时间管理评价的步骤由确定标准工作时间、时间耗费成本分析、产品数量分析和产品质量分析四个步骤组成，如图3–7所示。

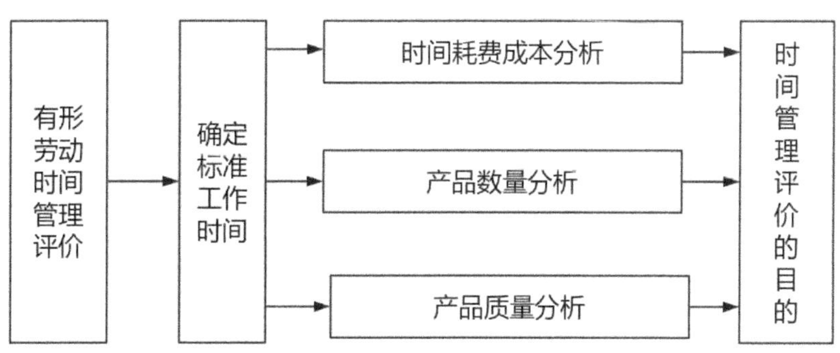

图3–7　有形劳动时间管理评价步骤

（三）无形劳动时间管理评价

1. 评价指标

（1）时间利用率。时间利用率是指单项事物在时间进程中的某种属性，是对无形劳动者时间利用程度的度量，是一种定量的评价指标，其计算公式为

$$n=\frac{t_1}{t} \tag{3-17}$$

其中，n为时间利用率；t_1为有用工作所耗费的时间；t为总工作时数。

时间利用率反映的是无形劳动者在一定的时间（或单位时间）内，有用功的时间与总输出时间的比值。

（2）时间的有效性。时间的有效性是指整个系统的工作时间在时间进程中的某种属性，指无形劳动者在单位时间内的工作是否有效、是否产生较大的效果，是一种定性分析的评价指标。

2. 评价方法与步骤

（1）选定评价区段。对无形劳动时间管理的评价是对某一时间区段内，即单位时间内的时间管理的评价，因此，选择的评价区段要有代表性。

（2）分析目标实现的程度，即目标期望值。分析预定目标如期实现的可行性，进而明确系统的目标。效果与目标值是相关联的，不明确目标，其效果也是空洞的。

（3）计算时间利用率。先计算出某一时间区段内有用工作消耗的时间和区段总工作时数，再计算出时间利用率n值。

（4）计算时间的有效性。由于时间的有效性是一种定性分析，因而其效果很难度量，也无法精确计算。一般利用检查项目与时间管理的有效性程度的正相关的关系，采用强制打分法，直接进行定量分析。

$$\text{实践有效性} = \frac{\text{实际平均分之和}}{\text{总分数（100）}} \times 100\% \tag{3-18}$$

百分数越高，说明时间管理的有效性越强。

（5）系统评价。这是用系统的观点综合评价时间管理效果的一项指标，指标越高，则表明时间管理的效果越高，但是也要具体分析时间利用率是否满足系统时间的有效性，这样才能对无形劳动的时间管理进行客观的评价。

（四）有形劳动时间管理评价与无形劳动时间管理评价的比较

有形劳动时间管理评价与无形劳动时间管理评价在评价对象、评价指标、评价尺度、目标的确定、现状的测定等方面均存在差异，其差异比较如表3-2所示。

表3-2　两种时间管理评价的比较

	评价项目					目标和现状的比较
	评价对象	评价指标	评价尺度	目标的确定	现状的确定	
有形劳动时间管理评价	劳动产品	时间	产品的数量、质量	确定标准工作时间	测定实际耗费的时间	$\frac{\text{标准工作时间}}{\text{实际耗时}}$=效率
无形劳动时间管理评价	劳动效果	时间的利用率，时间的有效性	时间	确定工作目标	分析实际渐近目标的期望值	$\frac{\text{工作目标时间}}{\text{实际耗时渐进目标值}}$=效果

第五节　现代酒店形象与口碑塑造

一、现代酒店形象与口碑的概念及类型

（一）现代酒店形象与口碑的概念

现代酒店形象又称酒店的公众形象或公关形象，指的是在社会公众心中相对

稳定的地位和整体印象，具体表现为社会公众对酒店或酒店组织的全部看法、评价和整套要求及标准。

在理解酒店形象的概念时，应注意以下几点。

一是酒店形象必须是相对稳定的形象。

二是酒店形象是整体性的。

三是酒店形象表现为公众舆论或口碑，但并不等于公众舆论或口碑。

（二）现代酒店形象与口碑的类型

1. 根据形象的性质划分

根据形象的性质，酒店形象可分为以下几种。

（1）自我期待形象，指的是酒店希望在社会公众心中具有的对自身的全部看法、评价和标准。它包括两种：一是理想形象，即对自身形象所做的较长远规划和设计；二是目标形象，即酒店希望通过某项或一系列公关活动所要达到的形象状态。

（2）社会实际形象，指的是社会公众及社会舆论对酒店的真实看法和评价。它是通过一定的公关努力而达到的实际效果，是一种形象现实。

2. 根据不同的评价主体划分

根据不同的评价主体，酒店形象可分为以下几种。

（1）总体形象，指的是社会公众对酒店的全部看法、评价和态度的总体趋势、主流口碑，因此又称为整体形象。

（2）主观形象，指的是酒店所坚信的社会公众对本酒店的看法、评价和态度。

（3）有效形象，指的是酒店的主要公众对该酒店的真实看法、评价和态度。

（4）特殊形象，指的是特殊公众对酒店的看法、评价和态度。

二、现代酒店形象与口碑的构成

（一）现代酒店形象与口碑的构成要素

认知、信赖和好感是构成现代酒店形象与口碑的三要素。

1. 认知

认知就是认识和知道的过程，即首先要了解酒店产品（或服务）的存在。一般来讲，消费者在购买酒店产品之前，必须对酒店产品或酒店形成好感和信赖，而消费者产生信赖和好感之前，又必须先了解酒店产品的性能和酒店的存在。

2. 信赖

由于认知的不断加强，通过信息不断传入大脑，渐渐成为大脑的确定信号——信赖。认识程度越深，信赖感越强。

3. 好感

好感是指酒店或酒店产品已经得到了肯定的评价，而且大众的接受程度已经确定。认知程度越深，好感程度越强。

（二）现代酒店形象与口碑构成的主体、客体、媒体

广义的酒店形象的主体泛指社会组织，而狭义的酒店形象的主体则是指酒店本身及酒店中的人。酒店形象与口碑的客体是社会公众，是那些购买酒店产品和接受酒店服务的消费群体。不同档次、不同类型的酒店，其消费群体也不同；具有相似目标和性质的酒店，往往拥有相似的消费群体。现代酒店形象与口碑塑造的媒体实际上就是传播信息的形式。酒店形象主要是通过符号、资料、报道与活动、态度与价值观、实物和在线点评来维护。

（三）现代酒店形象与口碑的组成内容

1. 产品的形象与口碑

产品形象的好坏主要取决于：一是酒店为顾客提供的产品和服务的价值，即满意的质量、价格和服务等；二是酒店员工在履行接待服务职责时所表现的责任心、道德心和态度。

2. 服务形象与口碑

现代酒店的服务形象与口碑，是指消费者对酒店提供的服务是否热情、周到，服务项目是否齐全、便利，服务态度是否真诚、礼貌，新媒体与官方网站宣传、服务是否到位，点评回复是否及时有效，服务质量是否得到客户满意的反映和评价。

3. 员工的形象与口碑

公众对酒店员工的总体素质、能力、文化修养、道德水准、服务水平等方面的评价和看法，构成酒店员工的整体形象。整体形象通过每个员工的具体形象表现出来，因此要提高员工整体形象，就必须提高每个人的形象。

4. 机构形象与口碑

公众对酒店的内部职能机构的设置、人员配置及其运转方面的综合评价，构成了一定的机构形象与口碑。良好的机构形象体现在许多具体的方面，如机构设置健全、人员配置精简、运转灵活和办事效率高等。

5. 管理形象与口碑

管理形象与口碑指的是公众对酒店的管理水平、管理方式和管理行为的评价与看法。管理形象的好坏体现在酒店行为的各个方面，如经营决策、服务管理、销售管理、人事管理和工作环境管理。

三、现代酒店形象与口碑塑造的方法

塑造酒店形象与口碑的方法是由根据酒店一定的公共关系目标和任务而实施的若干具体方法和技巧构成的。不同类型、不同规模的酒店，或同一家酒店处于不同发展阶段，或同一阶段中针对不同的公众对象及公关任务，都需要有不同的塑造方法。

（一）建设型塑造方法

酒店的公共销售人员采取宣传和交际的高姿态，向社会公众主动做自我介绍，主动结交各方朋友，努力让尽量多的人知道自己、理解自己，从而进一步接近自己，这就是建设型塑造方法。它的主要功能是提高酒店的知名度，引导和启发社会公众对酒店的认知、信赖和好感。建设型塑造方法主要适用于酒店开创阶段，以及某项服务、产品塑造方法初创、问世阶段，为了提高知名度，采用高姿态的传播方式，如开业广告、开业庆典、免费招待、在线团购、关键事件营销与引爆点设计等。

（二）维系型塑造方法

维系型塑造方法是通过各种传播媒介，以较低姿态，持续不断地向社会公众传送酒店的各种信息，在不知不觉中营造和维持一种有利的气氛，使酒店的良好形象潜移默化地储存在公众的长期记忆系统中。这一方法适用于酒店的稳定、顺利发展时期。例如，保持一定的见报率，长期竖立在高大建筑物上的酒店名称、标志或商标巨型广告，逢年过节对常客的专访、慰问，给老客户适当的优惠或奖励，官方网站与新媒体的宣传等。

（三）防御型塑造方法

防御型塑造方法主要是发挥酒店的内部职能，及时地向决策层和各业务部门提供外部信息，特别是反映批评的信息，从而提出改进的参考方案，协助酒店各部门协调内部职工关系，以预防为主，堵塞漏洞。防御型塑造方法适用于酒店出现潜在的公关危机与回复消极或负面在线点评的时候。

（四）矫正型塑造方法

矫正型塑造方法适用于酒店公共关系严重失调，酒店形象发生严重损害的时候，它一般分为外部矫正和内部矫正。

1. 外部矫正

对于外在的某种误解、谣言，甚至人为的破坏，损害了酒店形象的情况，公关销售部应迅速查清原因，公布真相，澄清事实，矫正或消除酒店损害形象的因素。

2. 内部矫正

酒店内部的不完善造成产品质量、服务态度、服务质量、管理政策、经营方针等方面的问题，进而导致外部公共关系严重失调时，公关销售部门应尽量控制影响面，同时将外界舆论反馈给有关部门，分析公共关系失调的原因，提出纠正的措施，协助有关部门解决实际问题，并利用各种公共关系方式向外界和社会公众公布矫正的措施和进展情况，平息风波，恢复信任。

（五）进攻型塑造方法

进攻型塑造方法适用于酒店系统与环境发生某种冲突、摩擦的时候，为了摆脱被动局面，创造新局面，需要抓住有利时机和条件，改变决策，迅速调整，这一方法包括避免受环境的消极影响；改变酒店对原有社会环境的依赖关系，不断拓展新的市场和新的产品，吸引新的顾客群；组织同业联合会，进行协作与交流，尽量减少与竞争者的摩擦。

（六）宣传型塑造方法

宣传型塑造方法是用各种传播媒介迅速地将酒店内部信息传送出去，以增强社会公众对酒店的了解，形成有利的社会舆论的活动。其具体形式有：发新闻稿，投放公共关系广告，印刷发行公共关系刊物和各种视听资料，举行各种大型活动或表演，回复在线点评时主动宣传等。宣传型塑造方法的特点是主导性强、时效性强，能有效地利用传播媒介建立与社会公众的关系。

（七）交际型塑造方法

交际型塑造方法是通过人与人的直接接触，为酒店建立广泛的社会关系网络。其方式包括社团交际和个人交际，如宴会、座谈会、招待会、谈判、专访、慰问、电话沟通、亲笔信函等。它具有直接性、灵活性和人情味等特点，能使人际沟通进入“情感”的层次。

（八）服务型塑造方法

服务型塑造方法是以各种实惠的服务为媒介，向社会公众提供各种实在服务，以期获得社会公众的了解和好评，如各种消费教育、培训、指导，售后服务，各种完善的服务措施等。

（九）社会型塑造方法

社会型塑造方法是利用举办各种社会性、文化性、公益性、赞助性活动来开展公共关系的模式。其目的是塑造酒店的文化形象、社区公民形象，提高酒店整体的社会知名度、美誉度。它的具体形式有赞助文化、教育、体育、卫生等事业，支持社区福利、慈善事业，参与重大活动并提供赞助等。其特点是着眼于整体形象和长远利益，公益性强，文化性强，影响力大，但成本比较高。

（十）征询型塑造方法

征询型塑造方法是以采集信息、舆论调查、民意测验、参与决策等为手段，以民意代表的姿态出现，及时地对民意和舆论作出反应，为酒店的经营管理、决策提供参考，保持酒店与社会环境之间的动态平衡。其形式有开办各种咨询业务、建立来信来访制度和客人意见征询制度、设立热线电话、接受和处理投诉等。征询型塑造方法的特点在于通过日积月累的努力，逐步形成良好的信息网络。

在塑造酒店形象与口碑的活动中，要将上述方法有机地结合起来使用，同时在具体工作中，要不拘一格，勇于创新，从而树立和维护酒店的良好形象。

第四章　现代酒店客户管理

第一节　现代酒店客户管理概述

一、酒店客户与客户管理

客户关系管理被引入我国后，立即引起了我国酒店管理者的追捧，酒店客户管理也被提到了议事日程上。

（一）客户

1. 定义

从广义的角度看，凡是接受或者可能接受任何组织、个人提供的产品和服务的购买者（包括潜在购买者）都可以称为客户。由此定义可见，首先客户不仅指个体，同时也包括企业、政府、非公益性团体等组织。其次，购买的对象包括产品和服务两个方面。其中产品不仅包括用于消费者生活的物品，也包括用于工业生产的各类生产资料。服务包括各种类型的服务，如去医院就医、去旅游景点旅游、去酒店就餐等。最后，客户包括现实客户和潜在客户。其中，现实客户是指对企业或者个人的产品或者服务有需求，并且与企业或者个人直接发生交易关系的组织或者个人；潜在客户是指对企业或者个人的产品或者服务有需求而没有购买能力，或者是有购买能力但是由于种种原因无法与企业或者个人发生交易的组织或者个人。

从狭义的角度看，客户是指与企业或者个人发生直接交易关系的组织或者个人，即现实客户。

2. 客户概念的新发展

随着关系营销理论的发展，客户的概念也得到了进一步的延伸和发展，有了内部客户和外部客户之分。

内部客户：从企业内部部门的角度出发，把其他部门看作自己部门的客户。

外部客户：从企业整体的角度出发，把企业外部的，与本企业有产品、服务交易关系的组织或者个体看作客户。

（二）酒店客户

从现代意义上讲，客户就是服务的对象。酒店客户就是酒店的服务对象。按照这个定义，处于社会中的个人、企业、事业单位和政府等营利或非营利的个人和单位都有自己的客户。

酒店客户是酒店服务或产品的采购者，他们可能是最终的消费者，也可能是代理人或供应链内的中间人。客户可能是一个人，也可能是一群人，还可能是一个组织。

（三）客户管理

客户管理是以信息技术为支撑工具，通过管理客户信息资源，提供客户满意的产品和服务，与客户建立起长期、稳定、相互信任、互惠互利的密切关系的动态过程和经营策略。这个动态过程始终围绕着一个核心的管理理念——“以客户为中心”，即以提升客户满意度为主要任务。因此，可以用“一个中心，一个方法，一个工具”来概括客户管理。

客户管理是一个获取、保持和增加可获利客户的有效工具，是一种崭新的以客户为中心的企业管理理论、商业运营理念和商业操作模式。客户管理是以信息技术为手段，有效提高客户满意度及员工劳动生产率的管理方法。企业为了提高其核心竞争力，利用信息技术来协调企业与客户之间的关系，加强销售、推广和服务上的互动，从而提高其服务水平，向客户提供创新式的个性化服务。其最终目标是通过提供更快捷和更周到的服务来吸引新客户，保留老客户，以及将已有客户转为忠实客户，从而增加市场份额，提高企业收益。

总之，客户管理是涵盖客户销售、客户市场、客户支持与服务数据库及支撑平台等各个方面的一个复杂的管理过程，其核心是客户关系管理（Customer Relationship Management，CRM）。酒店通过客户关系管理不断地收集全面的、个性化的客户资料，强化跟踪服务、信息分析的能力，协同建立和维护一系列与客户之间卓有成效的“一对一关系”，从而提供快捷和周到的优质服务，提高客户的满意度和忠诚度，吸引和保持更多的客户，进而增强酒店的核心竞争力。

二、酒店客户管理的主要内容

酒店客户关系管理是一个不断加强与客户交流，不断了解客户需求，并不断对产品及服务进行改进和提高，以满足客户需求的连续的过程。其内涵是酒店利用信息技术和互联网技术实现对客户的整合营销，是以客户为核心的企业营销的技术实现和管理实现。

在酒店中，客户管理的日常工作内容主要包括以下几个方面。

（一）客户调查

客户调查是酒店实施市场策略的重要手段之一。其通过人口特征、生活态度、生活方式、消费历史、媒介消费等对目标客户进行分析，迅速了解客户需求，及时掌握客户信息，把握市场动态，调整、修正酒店产品与服务的营销策略，满足不同的需求，促进产品及服务的销售。

（二）客户开发

在竞争激烈的市场中，能否通过有效的方法获取客户资源往往是酒店成败的关键。况且，客户越来越明白如何满足自己的需要和维护自己的利益，获得与保持客户越来越难。因此，加强客户开发管理对酒店的发展至关重要。

客户开发的前提是确定目标市场，研究目标客户，从而制定客户开发市场营销策略。营销人员的首要任务是开发准客户，通过多种方法寻找准客户，并对准客户进行资格鉴定，使酒店的营销活动有明确的目标与方向，使潜在客户成为现实客户。

（三）客户信息管理

客户信息管理是客户管理的重要内容和基础，包括客户信息的收集、处理和保存。建立完善的客户管理系统，对酒店扩大市场占有率、提高营销效率、与客户建立长期稳定的业务联系，都具有重要意义。

客户信息管理还包括对客户进行差异分析，识别酒店的金牌客户；分析哪些客户导致酒店的成本增加；选出酒店本年度最想建立商业关系的企业；列出上年度有哪些大宗客户对酒店的产品或服务多次提出了不满；找出上年度最大的客户是否今年也订了不少的产品；知晓为什么有些客户在酒店只订了几个房间，却在其他酒店安排了更多的客人；根据客户对本酒店的价值等标准（如客房收入、餐饮收入、会议收入、与本酒店有业务交往的年限等），将客户区分为准客户、新客户、老客户、大客户和一般客户，并实施不同的市场营销策略，进行客户管理。

（四）客户服务管理

客户服务管理是了解客户需求，以实现客户满意为目的，酒店全员、全过程参与的一种经营行为和管理方式。它包括营销服务、部门服务和产品服务等所有的服务内容。

客户服务管理的核心理念是酒店全部的经营活动都要从满足客户的需求出发，以提供满足客户需要的产品和服务作为酒店的义务，以客户满意作为酒店经营的目标。客户服务质量取决于酒店创造客户价值的能力，即认识市场、了解客户现有与潜在需求的能力，并将此导入酒店的经营理念和经营过程中。优质的客户服务管理能最大限度地让客户满意，使酒店在市场竞争中赢得优势，进而获得利益。

客户服务管理还包括调整产品和服务，以满足每一个客户的需求。要改进客户服务过程中的纸面工作，节省客户时间，节约公司资金；发给客户的邮件更加个性化；替客户填写各种表格；询问客户，他们希望以怎样的方式、怎样的频率获得酒店的信息；满足客户真正的需要；征求大客户、老客户的意见，看酒店可以向这些客户提供哪些特殊的产品和服务；争取企业高层对客户关系管理工作的参与。

（五）客户促销管理

促销是营销人员将有关产品信息通过各种方式传递给客户，提供产品信息，增加消费需求，突出产品特点，促进其了解、信赖并使用产品及服务，以达到稳定市场销售、扩大市场份额、增加产品价值、发展新客户、提高客户忠诚度的目的。营销人员要给自己的客户联系部门打电话，了解客户预订量减少的原因；给竞争对手的客户联系部门打电话，比较服务水平的不同；把客户打来的电话看作一次销售机会；测试客户服务中心的自动语音系统的质量；对酒店内记录客户信息的文本或报告进行跟踪；通过信息技术的应用，使客户与酒店做生意更加方便；完善对客户抱怨的处理方式等。

促销的实质是营销人员与客户之间进行有效的信息沟通。这种信息沟通可以通过广告、人员推销、营业推广和公共关系四种方法来实现。而促销管理是通过科学的促销分析方法进行全面的策划，选择合理的促销方式和适当的时机，对信息沟通进行计划与控制，使信息传播得更加准确与快捷。

根据上述要求，我们可以把酒店客户管理的内容进一步细化为以下七项。

第一，收集、整理和完善客户的档案资料，包括客户单位的基本概况，单位主要负责人的个人爱好、文化层次、工作作风及生活习惯等。

第二，与客户保持较好的沟通，包括业务沟通和情感沟通，确保客户对酒店产品及服务的持续购买。

第三，对不同客户在酒店所消费的产品及服务所产生的收益、边际贡献、总利润额、净利润率等进行分析，找出对酒店贡献最大的客户。

第四，对来自不同渠道、不同销售地点的客户进行分析，找出酒店的大客户；对他们进行适当的分级，根据不同级别提供不同的服务内容。

第五，对现有客户的消费趋势进行分析，对客户销售中的非正常现象，要及时予以关注，对其中影响酒店销量的问题，要逐一地解决，确保现有客户能够成为未来长久的客户。

第六，对酒店的产品及服务进行分析，包括产品设计、关联性、供应链等，以确保客户始终保持新鲜感，提高客户对酒店的忠诚度。

第七，适时调整酒店的促销方案，以提高酒店对新客户的吸引力。

第二节　现代酒店客户分类管理

一、酒店客户基本分类

客户分类的基础是市场细分。应因地制宜，严格细分，按照不同的行业制定不同的客户分类方法，提供相应的服务和营销策略，实现酒店与客户双赢的目标。

酒店开业前，最好找专业的酒店策划公司，结合当地市场给予研究分析，从而进行精准的定位。实践证明，正确定位是成功经营乃至持续经营的关键。通常情况下，我们把酒店客源市场分为以下几类。

（一）酒店客户的静态分类

1. 根据客户的性质划分

（1）消费者。消费者包括个人和组织，其购买产品或者服务的目的是满足自身消费的需求。这类客户是产品的最终消费者，但不一定是购买者。他们关注产品的使用价值，如品质、功能、服务等。

（2）客户。这类客户是产品的购买者，但不一定是消费者。他们关注的是产品的价格（购买成本）和使用价值。

（3）团体客户。这类客户是产品的团体购买者，他们主要关注产品的品牌、使用价值和价格。例如，某公司年终的员工聚会，可能会安排在一家大酒店，除了聚餐以外，还会有员工自排自演的文艺晚会，有些还将公司的年终报告和颁奖活动安排在这样的晚会中。

（4）中间客户。购买产品或者服务并不是为了自身消费而是以再次出售为目的，进而获取买卖之间的差价。他们以营利为目的，购买产品进行转售。某些公司考虑到一年的客户甚多，便与酒店签署一个优惠价，然后将这个优惠价转卖给他们的客户。这类客户主要是由旅行社、旅游批发商、酒店代理商、旅游信息中心、航空公司、会议策划人、在线旅行社等构成。

①旅行社。为酒店提供客源的主要客户之一。为游客安排旅游路线并提供陪同服务，提供包括住宿、交通等在内的各种资源服务。

②旅游批发商。主要从事组织和批发包价旅游业务。他们与酒店、交通运输部门、旅游景点及包价旅游所涉及的其他部门签订协议，预先购买这些服务项目，然后根据旅游者的不同需求和消费水平，设计出各具特色的包价旅游产品，通过旅游零售商在旅游市场上销售。这是旅游业分工越来越细、越来越专业的一种表现。旅游批发商最早是由地接旅行社驻某地的办事处独立衍生出来的，把酒店产品作为其生产某种可供销售的旅游产品的原材料，一次性大量购买酒店的客房，然后与其他项目（如交通、风景点、旅游线路等）结合，形成一种特定的旅游产品，进而通过直接渠道或间接渠道将自己的旅游产品提供给旅游市场。购买他们产品的往往是作为零售商的旅行社。

③酒店代理商。替酒店进行宣传并接受客人预订的机构，酒店需按销售额支付一定比例的手续费。在主要客源地，酒店通常雇用代理商来增加酒店的客源。

④旅游信息中心。利用强大的信息网络为酒店宣传并代为酒店订房的各种网站和旅游网站。这是随着信息时代而产生并起着越来越重要作用的酒店客户。

⑤航空公司。酒店与航空公司的合作，航空公司除了向客人提供飞机航班外，还以旅游中间商的身份为酒店推销产品。例如，航空公司利用飞机的载体推荐酒店，为乘坐飞机的客人预订客房，这是一种跨行业的合作。

⑥会议策划人。负责与酒店或其他旅游酒店接触、洽谈，在合同的基础上为某些组织机构进行会议和展览策划，是一种在展会选址、谈判、预算和促销方面都很擅长的中间客户。

⑦在线旅行社（OTA）。旅游电子商务行业的专业词语。随着电子商务的高速发展，一个通过互联网来搭建的、为酒店预订客户的行业出现，它也属于酒店代理商的性质，客人通过OTA预订酒店，OTA赚取提供客户资源的服务费。近二十年来，OTA的发展十分迅猛，已经成为酒店最大的客户。OTA的出现对酒店航空公司、旅游信息中心、酒店代理商等来说是一个极大的冲击。

（5）内部客户。内部客户是内部营销观念中提出的概念。内部营销是指酒店为了成功地实现营销目标，向自己的员工提供使其满意的工作环境及条件，以吸引和发展高水平员工的一系列策略。在营销工作中，业内人士普遍认同的是内部营销胜于外部营销。内部营销观念认为，只有满意的员工才能提供满意的服务，员工的满意度决定着客户的满意度。因此，有的酒店提出了“员工第一、宾客至上”的理念，主张把员工看作酒店最初的内部市场，把自己的员工当作客户，通过提高员工的满意度来提高客户的满意度。因此，作为酒店的管理者要树立为员工服务的意识，注重对员工的培训、关爱，为员工提供舒心、开心、积极向上的工作环境，提高员工的幸福感，通过内部客户的满意程度直接影响外部客户的满意程度。

2. 根据客户的重要性划分

（1）VIP客户。酒店的VIP客户是对酒店的经营和发展起着重要作用的客户。VIP客户不一定是酒店的大客户，却是酒店的重要客户，比如社会名人，影视娱乐界著名演员、体育界著名运动员、业内人士及其他等。

（2）大客户。大客户是指对产品或服务消费频率高、消费量大、客户利润率高，对酒店经营业绩产生一定影响的关键客户。换句话说，大客户就是那些在酒店消费次数多、金额很大，给酒店带来或即将带来稳定的巨大收益的客户。

酒店的大客户和VIP客户都是酒店的重点客户，两部分加起来约占酒店客户总数的20%，但他们却为酒店贡献了80%的利润。而除此之外的客户群则可划入普通客户范畴。

大客户对于酒店要完成的销售目标十分重要，他们是酒店销售收入的主要来源。虽然这部分客户的数量并不是很多，但其在酒店的整体业务中有着举足轻重的地位。如果失去这些重点客户将会严重影响酒店的业务开展，甚至会导致酒店的销售业绩在短期内难以恢复，这是因为酒店很难迅速地建立起其他的销售渠道。酒店与这些重点客户存在一定的依赖关系，因此必须有一个稳定的合作关系，必须花费更多的时间、人力和物力来做好客户管理。这些重点客户具有很强的谈判能力和讨价还价能力，酒店客户经理必须花费更多的精力维护客户关系。重点客户的发展符合酒店未来的发展目标，酒店与重点客户之间也必须形成战略联盟关系。当时机成熟，酒店即可利用重点客户的优势促进酒店的成长。

那么，如何确定酒店的大客户呢？通常情况下，最直接的做法就是将酒店客户中消费排名最靠前的20%列为大客户。但是实践中，挑选大客户有很多的定量和定性的参考指标，并不是靠几个数据就可以确定的。选择的大客户既要符合酒店当前目标，又要符合其长远目标，即要综合公司的发展战略、营销目标、酒店的细分市场、竞争对手的客户现状等众多的因素。另外，还要注意以下几种情况。

①不要把偶然一次大量消费的团购客户视为大客户，因为他们的活动可能只有一次，未必能让酒店持续获利。比如，某某人举办婚宴，可能一次订好几十桌，但你不能期待人家下次还在这里举办。

②不要单纯把需求量大的重复消费客户视为大客户，而忽略其利润提供能力、业绩贡献度。比如，有些低价旅行团，可能每年会带来许多客户，但是要求的价格极低，甚至还会有各种各样的要求。

（3）普通客户。尽管普通客户的销售收入所占的比例不高，但是由于这部分人占整个客户中的80%以上，随着经营年限的延长，他们当中有些人会升为重点客户，而重点客户中的一部分也会降为普通客户，这种现象在酒店中并不少见。鉴于此，我们虽然不能将时间和精力用于维护每一位普通客户，但是我们起码要随时关注普通客户中的变化，随时准备把那些有潜力的客户提升到重点客户的行列。

3. 按户籍地域分类

为了便于销售人员拜访和管理客户，酒店一般会将客户按照地域进行分类。这样分类的优点是销售员所负责的区域互不交叉，不会造成重复拜访。其缺点是各销售人员所熟悉的客户不一定都在同一个区域，当自己熟悉的客户不在自己管理的区域范围的时候，只能把他们交给其他同事去维护。

（1）按国籍划分。随着我国国际地位的不断上升，越来越多的国际友人到访。接待入境客人居多的酒店，可按护照的签发地进行分类。如果某一个国家的客户较多，还可以将其再细分成商务类、休闲类、公务类。

（2）按省份划分。国内的客人按身份证所记录的户口所在地进行分类。按省份进行分类，有利于酒店营销部门做针对性营销。将人数少的几个省份合在一起，称为客户资源小省。而客户资源多的省份可以按城市分类，如广州、深圳、成都、昆明……

（3）按市籍划分。如果本市客源市场是酒店的重点，就根据酒店市场定位，确定好重点客户群，有的放矢地进行营销，并将本市的客户按照行业进行分类，将客户最多的行业列在客户的第一位，以此类推。

（4）按区（县）划分。一个销售人员负责一个或几个区（县），大城市还可以将一个区（县）划分为若干个片区，通常销售人员只负责在酒店周边2～5千米范围内拜访客户，但在小城市则需要全城拜访。

这样的分类便于酒店对客源地排名前几位的客户群采取有针对性的服务，比如提供客人来源地的风味菜、当地报纸、当地卫星频道，安排会讲客人家乡或国家地区语言的服务人员等。

需要注意的是，现代社会人员流动速度和频率越来越快，如出生在北京但学习、工作却在广州、上海的人越来越多，或者身份证是广州，但老家却是四川的人也不少。以户籍所在地划分客源结构对调整服务内容的指导意义越来越弱了。

4. 按消费阶段划分

消费者在不同的消费阶段有不同的消费心理，可根据不同消费阶段客户不同的消费心理，提供有针对性的优质服务，满足客户期望，从而提高客户满意度。

（1）消费前的客户心理。消费前的客户心理是消费者决定去酒店用餐以及去哪家酒店用餐的心理活动。消费者会考虑很多因素，酒店的位置与环境、菜品的口味、卫生状况、质量与价格均是影响客户决定的重要因素。

①位置与环境。酒店位置是消费价位的间接反应，好的地段肯定在价格上同其他地段有区别，但其中存在对客户群定向的选择和餐厅经营类型问题。

②菜品的口味。酒店经营者做餐饮跟同行比的就是菜品的特色、工艺和口味，而餐饮消费者的目的也是品口味、品特色。要延长一家餐厅的生命周期，菜

的口味上要有特色，但也要把握好度。例如，四川人多少都能吃点儿辣，但吃辣也有程度的差别，有的是适可而止，有的是越辣越好，还有些人是怕辣的。

③卫生状况。随着生活水平的提高，人们越来越注重身体健康，注重高标准的饮食卫生。它包括酒店环境卫生、产品卫生、餐具的卫生及服务员在服务操作中提供的规范服务，保持餐厅清洁是对客户的尊重和自身经营的需要。清洁的餐厅可以唤起客户的食欲，也是客户选择在哪家餐厅进餐的前提，因为清洁的餐厅会给消费者留下好的印象，当其选择时，消费者会把第一印象好的餐厅纳入考虑范围之内。现在许多酒店将厨房与餐厅用透明玻璃隔起来，让客人有机会看到厨房的操作及卫生状况。

④质量与价格。客户永远都会关注质量与价格。吃得好、价格公道，是每个客户所希望的。酒店是为客户提供服务后才向客户收取费用的，客户感到物超所值才会光顾酒店。物超所值是产品质量和服务质量的综合体现。如果能让客户感到物超所值，客户会感到惊喜。

（2）消费中的客户。消费中的客户是消费者选定消费地点后，入住或享用餐饮、娱乐的过程。在这个过程中，消费者对产品和服务的体验感觉很重要。当一家酒店在社会上很有名气的时候，作为客户如果没有去过不免会觉得没有面子。因此，在人人追求时尚的今天，将酒店做到世人皆知，做到像明星一样受人追捧，客人自然就会趋之若鹜。

①尊重。主要包括四个方面的内容：一是客户受到应有的礼遇，即在服务过程中能得到服务员礼貌的招呼和接待。二是客户得到一视同仁的服务。在服务中，不能因为优先照顾熟客或重要客户而忽视、冷落其他客户。在做好重要客户服务的同时，应兼顾到其他客户，避免引起部分客户的不满甚至尖锐的批评。三是愿意被认知。客户愿意被认识、被了解，当客户发现服务员能记住他喜欢的菜肴、习惯的座位甚至特别嗜好时，会感到自己受到了重视和无微不至的关怀。四是对客户人格、风俗习惯和宗教信仰的尊重，使客户获得心理和精神上的满足。另外，服务员的举止是否端庄、语言是否热情亲切、是否讲究礼貌得体，以及是否能够做到主动服务、微笑服务，都关乎能否满足客户受尊重的心理需要。

②方便快捷。随着工作节奏的加快，生活节奏变得越来越快，消费者希望就餐过程中尽量减少等候时间。客户到来的时候要及时为其引座，并为其快捷服务，如添加酒水、上菜迅速、结账快捷。如果客户点的菜肴中有用时较长的应及

时告知客户，看客户是否有时间等候。

③服务态度。从消费者个人心理来说，好的服务就是要适时、适需、灵活地改变，诚信、贴心的人性化服务、服务态度是最重要也是最灵活的因素。“宾客至上，服务第一”的宗旨及“一切为了客户”的服务意识要在每位员工心中深深扎根，使客人不但能在规范的服务中舒心用餐，而且能享受到超值的服务体验。例如，客人需落座时，服务员会提供为客人拉椅让座等个性化、情感化的服务。

④讲究身份。客人在享受服务时，希望服务人员能够尊重、关心和重视他们，特别是涉及主宾关系时，主人要显示自己的身份，显示自己款待宾客的气派。服务员此时应使用恰当的语言、规范的动作、恰如其分的服务来帮助主人满足其自信的需求。

（3）消费后的客户。这一时期，消费者通常具有以下心理。

①“受尊重”的心理需要。客户消费结束后，服务员仍要继续对其进行细致、周到的服务，直到客户离店。如及时为客户结账，当客户起身要离店时，服务员要及时提醒客户带好私人物品，引领客人到电梯门口或楼梯口，对其到本酒店用餐表示感谢，并欢迎下次光临。

②“求平衡”的心理需要。当客户在享用服务过程中对服务不满，对自己的消费感到不值时，会产生不平衡的心理效应。要知道，酒店服务不是一种必需的消耗品，而是一种享受品。客户到酒店是来享受的，他们耳闻目睹了许多消费宣传，并积累了丰富的消费经验，他们对服务有自己的理解，这就要求酒店必须向客户提供标准化、规范化、超常化的服务。客户消费前有一定的期望值，接受服务后会形成实实在在的对比。当两者相当时表现为满意；当实际感受大于期望值时表现为惊喜，从而达到真正的心理平衡。

5. 按市场特点分类

（1）商务型客户。这类客户主要是为了参加某种公务或商务活动，可能会多次入住酒店，因此交通的方便性、经济性是主要决定因素。经济越发达的地区，商务游客所占的比例就越大，他们能够给酒店带来的经济效益也越大。

与旅行社客源市场不同，商务散客没有明显的淡季和旺季之分，一年四季，只要有商务应酬，在酒店就会见到商务客人的身影。价格并不是商务散客考虑的首要因素，舒适的商务旅途是他们关注的首要问题，温馨的入住体验是他们追求的目标。

从某种意义上讲，商务散客是酒店价格体系的调节阀。协议客户、旅行社由于具备量的优势，有着极大的议价空间，具备有效打压酒店利润空间的能力；而商务散客由于数量较少、人数分散，且对价格不敏感，因此酒店在他们身上往往可以获得更可观的利润。商务散客比例上升，不仅能提升整个酒店的房价体系，还会增强酒店对旅行团队的价格掌控能力。

商务散客目前在流动客户中占的比例较大。为适应细分市场的需求，商务型客户也分为不同的等级，因而形成了不同的需求。其中，从事国际商务活动、经常往返于国际大集团之间的高层管理人员，往往需要交往与接待，他们是各大高端酒店争夺的对象。大量的商务客户是各公司业务人员，他们每天往返于各城市之间，服务他们的客户或推销他们的产品。这类人员更多的是选择各城市中服务设施较为齐全、舒适的大酒店，也有的选择设施简洁实用、服务便利的商务酒店。

随着我国经济的不断发展，商务客户群体越来越多，各种商务活动与日俱增。尽管商务客人的消费行为相对来讲比较理性，但由于商务客人的消费通常都是可以报销的，因此，相对而言，商务客人的消费是比较高的。这也是商务散客会成为各酒店争夺的主要对象的缘故。

商务散客的这些特点，使他们成为众多酒店追逐的目标。由于异地商务散客往往通过和本地客户接触了解酒店市场，因此提升本地商务散客对酒店的认知度，就显得十分重要。不过，本地的商务散客由于人数众多、布局分散，并不是集中于几个单位、几个写字楼，而是分散于城市的各个地区，因此销售部的扫楼拜访，效果并不明显。因此找到一种有效覆盖本地商务散客的方式，对酒店将大有裨益。

因为是公务出差，所以这类客人的时间一般都安排得比较紧，常常是早出晚归；来访客人较多，有时还会有一些与公务密切相关的文件、电话；他们对生活要求较高，白天经常利用公务之余外出游览，晚上需要娱乐活动。针对这类客人，酒店可尽量向他们推荐比较好的房型。服务员进行客房服务时注意不要随便翻动他们放在房间的文件。有客人来访时，应事先征得他们的同意，必要时协助供应茶水。收到有关客人的文件、电话，酒店要根据客人要求，及时送达或发出，避免误事给客人造成损失。

（2）长住型客户。长住型客户通常是因为在本地实施某项投资而需要长时间居住在酒店。长住型客户通常会得到较大的优惠，酒店与客人之间通常需要签订契约，这不同于其他类型酒店与客人间的法律关系。长住型客户需求的酒店与公寓相似，客房多采用家庭式布局，以套房为主，房间大者可供一个家庭使用，小者仅供一人使用。酒店配有适合客人长住的家具和电器设备，通常都有简易厨房设备供客人自理饮食。这类酒店一般只提供住宿、饮食等基本服务，但服务讲究家庭式氛围，亲切、周到、针对性强。这类酒店的组织、设施、管理一般较其他类型酒店简单。

长住型酒店提供的服务与传统的酒店服务有很大的不同，最大的不同之处在于客房中提供的日常用品和客房服务不同。目前的趋势是，大多数长住型酒店都不提供那些通常在全服务或有限服务酒店里提供的日常用品，如洗发水、护发素、浴液、浴帽和针线等。为了避免客人在发现酒店不提供这些用品时无所适从，很多长住型酒店设有零售区，以正常的价格出售这些物品。电熨斗、熨衣板和吹风机也是长住型酒店通常提供的物品，酒店的前台还有为客人领取干洗衣服、餐馆订餐等服务。长住型酒店通常不会提供每天的客房清洁服务，除非客人愿意支付费用要求提供此项服务。虽然长住型酒店提供的服务有限，但其房价要比全服务酒店和有限服务酒店便宜得多，通常是传统酒店的50%。一些长住型酒店也提供早餐、游泳池和健身房，但通常只有少数的高档长住型酒店里有。很多长住型酒店都提供宠物友好服务，即允许客人携带宠物入住酒店，但有些酒店要收取额外的费用。

（3）观光型客户。观光型客户的细分市场差异性很大，需求也是千差万别。根据市场营销学的一般原理，可按照旅游者的特点、地理区域、心理因素及购买行为四个方面对观光型客户市场进行细分。旅游者的特点可以表现在很多方面，如年龄、性别、职业、受教育程度、社会阶层、种族、宗教、收入、国籍、血缘关系等。这种细分方法较为常用，因为这些指标与旅游者的欲望、偏好、出游频率等直接相关，而且旅游者的特点比其他因素更容易测量。因此，对于旅游业而言，这些指标是非常重要的细分依据。

以接待旅游团队客人为主的酒店，大多位于旅游城市，客房大多为标准间，装饰比较简单，除提供一般团队餐的餐厅外，基本上没有其他的配套设施。该类酒店一般以低成本为优势。

总之，观光型客户是酒店重要的客户群体。观光型客户一般需求为白天游览、夜间娱乐、超市购物、特色餐饮、礼品购物等。

（4）度假型客户。度假型酒店因地域、经济、文化的不同而具有地方性、灵活性和多样性的特点。度假型酒店的特征是集多种功能、多重角色于一体，形式相对复杂和多元化，与普通观光旅游场所有着显著的差别。其地理位置或围绕或远离城市。围绕城市的度假村为城市人群周末度假放松提供舒适的休闲环境，而在人们拥有足够的时间时，往往希望远离喧嚣的城市，到名山大川或乡村去享受大自然的舒适。

度假型客户主要以休闲、游乐、度假为主。国内的旅游度假型酒店有两种类型：一类是国际标准的度假型酒店，如三亚亚龙湾、大东海、海棠湾已经树起了国际度假设施的标杆。此类酒店多位于海滨、山区、温泉、海岛、森林等地，开发各种娱乐、体育项目，如滑雪、骑马、狩猎、垂钓、划船、潜水、冲浪、高尔夫球、网球等活动来吸引客人，因此，这些度假区及活动的吸引力是度假型酒店成功的关键。另一类是周末度假型酒店，即度假与会议相结合的酒店，如北京的拉斐特城堡酒店、九华山庄。这类酒店一般位于城郊，环境优美、交通便利，酒店内既有齐全的娱乐设施，又有完善的会议设施，周末及节假日以接待度假客人为主，平时主要以接待会议客人为主。但更多的是如雨后春笋般起来的民宿酒店，特点是小型、简洁、有特色，各有千秋。

另外，随着社会经济发展，近年来出现了一种新的城市度假型酒店，其满足城市商务客人对休闲度假的需要，成为休闲度假新的值得关注的细分市场。

（5）会议型客户。会议型客户主要以出席各种会议、展销的团体为主，通常遍布国际国内各大都市和政治、经济、文化中心及交通便利的游览胜地。会议发展对酒店的需求很快形成了会议型、会展型、交易型三大类别。跨区域会议对酒店的需求更高，要求酒店设施齐全、综合配套能力强、接待容量大，主要体现在大型会议厅、展览厅、多种会议室配套、宴会餐饮、夜间娱乐、休闲游乐丰富性等方面。会议的发展促成了大型会议酒店的发展，以北京九华山庄为代表，会议型酒店在全国进一步扩张。

会议型酒店除应具备相应的住宿和餐饮设施以外，还需要具备会议设备，如投影仪（或LED屏）、录放像设备、扩音设备和先进的通信、视听设备，接待国际会议的酒店还需要具备同声传译系统。会议型酒店一般提供高效率的接待服务，帮助会议组织者协调和组织会议各项事务。

会议型客户一般人数较多，住店时间相对较长，活动集中、有规律，时间安排比较紧；会场使用要求高，客房服务任务重（午饭后通常有短暂休息，因此需要在上午及时整理全部房间），会议组织者一般都有自己的工作人员。因此，酒店在开会之前，一定要分派专人组成项目组，讲清任务、要求、方法等，精心准备，严格按照会议工作人员的要求安排客房、餐饮、会议等事宜。报到时办理手续要快，尽可能减少客人的等待时间。开会时要妥善安排、布置会议室，高效地做好茶水服务。会议期间，酒店要加强与会议工作人员的联系，对可能出现问题的关键点要严格控制，并主动征求意见，及时改进服务，保证会议厅周边环境安宁，确保会议顺利进行。

（6）自驾游客户。自驾游属于自助旅游的一种类型，是区别于传统的集体参团旅游的一种新的旅游形态。自驾车旅游在选择对象、参与程序和体验自由等方面，给旅游者提供了伸缩自如的空间，具有自由化与个性化、灵活性与舒适性、选择性与季节性等内在特点。

自驾车旅游者一般来说属于中上收入的阶层，从经济水平上看，普遍拥有较好的生活条件；从文化程度上看，绝大部分具有较高的受教育程度，拥有较强的旅游意识和旅游素养；从年龄比例上看，中青年占主体部分；从人员组成上看，主要表现出2～7个人的群体性特征。早期的汽车旅馆等酒店设施简单、规模较小，有相当一部分仅有客房而无餐厅、酒吧，以接待驾车旅行者投宿为主。现在，有的汽车旅馆在设施方面大有改善且日趋豪华，大多数可提供现代化的综合服务。

（7）修学型客户。修学游主要是指针对学生群体设计的以语言学习、教育机构观摩为特点的旅游产品。修学游既非单纯的旅游，也非纯粹的教学，它介于游与学之间，又融合了游与学的内容，是一种以游相伴、以学为主的旅行。也有人认为，修学旅行是指在校学生在学习期间，为了配合课堂及书本所学并弥补其不足而开展的以丰富知识、增长见闻、拓宽视野、培养素质、增进交流以及学科实践等为目的的旅行活动，是最能直接体现旅游户外教育功能的旅游产品。

修学型客户以大、中学生为主体，往往三五人结伴同行，时间多在寒暑假。他们精力旺盛，参观游览的地方比较多，白天多外出活动，晚上也喜欢出去走走看看，对书店、博物馆、科技馆、历史纪念地和文化活动场所比较感兴趣。由于大多数学生还是花父母的钱，所以手里钱不多，对饮食和住宿条件要求不高。酒店要以推荐中低档客房为主，并注意安排叫醒服务。如有可能，对他们比较感兴趣的各种场所或专业资料，服务员要多作介绍；不论是客房服务还是餐饮服务，都要讲究效率，速度要快。

（8）探亲型客户。探亲客人在侨乡多一些，他们共同的特点是具有强烈的民族自豪感和乡土观念；热爱祖国，对家乡所取得的一切成就和发生的变化都感兴趣；喜欢购买土特产和品尝家乡风味菜；来访客人和亲友比较多。随着国人旅居国外或移民到外国的人数越来越多，加上在国内也可以跨省工作，因此跨省、跨地区移民现象很多。

对于这类客人，酒店要特别重视，热情迎送。由于他们大多数白天会出去参观游览或探亲访友，因此要特别做好早晚服务工作。来访客人较多，酒店要做好问询会客服务，如客人不在，一定要请来访亲友留言，以方便客人及时与其联系。对于年事已高的客人，上下楼和上下车时服务员要多搀扶，餐饮方面应多提供家乡风味菜。同时，服务员要多给客人介绍家乡近年来所取得的巨大成就和发生的重大变化，以及家乡风味饮食和土特产品等。

（9）康养型客户。康养旅游是以治疗疾病、康复疗养为目的的特殊旅游。康养以疗养院为主要依托形式，一般处于海滨、矿泉、湖泊风景区，根据自然条件开展水疗、泥疗、森林浴、日光浴等，还应用多种疗养措施，如理疗、体疗、疗养营养和疗养心理等，以提高疗养效果。疗养院强调优美宜人的自然环境及良好的社会环境，医护人员热情的服务态度、合理的作息制度和有益的文娱活动，使疗养人员的身心处于良好状态。

这类客人多为身体状况不是很好或年龄偏大，一般都希望居住的地方起居方便，能够得到酒店热情周到的照顾与服务。因为是疗养，所以他们一般住店时间较长，活动有规律，喜欢安静的环境，对优美恬静的自然风光感兴趣。对于这类客人，酒店要尽量安排僻静的房间，服务员要勤下客房，随时询问他们有什么需要帮助的。如客人常需在客房用餐，酒店要尽量满足，及时供应。千万要注意，在客人休息时不要打扰他们，保持楼道和客房的安静。

6. 按行业分类

按行业进行分类的好处是比较容易实行链接拜访。通常情况下，在拜访一个客户后，可以请这位客户帮忙介绍行业内朋友。这个办法如果运用得当，销售人员的业绩可以迅速提高。不足之处是销售人员交叉拜访多，费时、费力又费钱。

行业划分的方法很简单，可根据国家相关部门的分类法来划分，如保险业、采矿、能源、餐饮、宾馆、IT业、房地产、服务、服装业、公益组织、广告业、航空航天、化学、健康、保健、建筑业、教育、培训、计算机、金属冶炼、警察、消防、军人、会计、美容、媒体、出版、木材、造纸、零售、批发、农业、旅游业、司法、律师、司机、体育运动、学术研究、演艺、医疗服务、艺术、设计、银行、金融、因特网、音乐舞蹈、邮政快递、运输业、政府机关、机械制造、咨询等。

当类似的行业比较多时，我们就应该调整酒店的产品和服务，更好地适应客人的需求。例如，医药业客人对新产品宣传和发布的要求比较高，制造业对室外展示的场地面积要求高，IT业对宽带速度要求高等。而政府的接待则对私密性和安全性要求非常高，最好能有VIP专用通道，出入便利。

了解客人所属的行业主要依赖酒店与客人所在单位的协议，对于散客来说，必须跟他相当熟悉之后才方便询问。

7. 按销售渠道分类

酒店的渠道对酒店的营销状况有着举足轻重的影响。在稳固现有酒店营销渠道的同时，增强对客户的吸引力，进而开拓全新的客户群体、提升酒店业绩，是提升酒店营销水准的重要一环。那么酒店究竟有多少营销渠道，这些渠道又有何利弊呢？

从订房来看，预订的方式一般有两类，即直接预订和间接预订。前者是指住店的客人自己打电话或通过网络进行预订，他们自己就能说明价格、房型和抵达时间。后者则是通过别人进行预订，包括由协议单位的接待人员或者客人在当地的朋友安排预订，这一类预订有时容易出现对价格、房型和房间最后保留时间的争议。

对客人的预订方式进行分析有助于我们掌握酒店的销售渠道，判断是否需要全面或者局部优化。

（1）旅行团队。纵观酒店营销市场，旅行社与酒店的关系可谓相融共生，就订房量来说，旅行社几乎是酒店最大的常客。抛开房价不谈，旅行社能为酒店输送大量客源，旅行社订房数量大、连续性强的特点对酒店入住率的拉动效应十分明显。但是旅行社的客户并非全部是品质型客户，特别是一些客房出租率不高的酒店，由于地理位置不佳或经营管理不善，对旅行社客源的争抢相当厉害。而由于旅行社的旅游团队客户并非对服务品质那么挑剔，因此这在客观上助长了这些酒店对旅行社客源的拼抢。在针对这部分市场的短兵相接中，质量和品质优秀的酒店，往往未必是最后的赢家。

在针对旅行社这一渠道的方式上，酒店还是应该明确自身定位，并与旅行社维持正常、融洽的合作关系。过分追求这部分客源的比重，酒店的业绩并不一定显著提升。对于高星级酒店而言，在旅行社渠道的关系上，应避免随意性。

（2）订房中心。订房中心在酒店开拓异地客源上功不可没，而此前，异地客户可能对酒店一无所知或仅通过有限的口碑了解。线上订房的渠道特点在于，在线订房覆盖的有效客户数量比实际从网上订房的客户数量大，因为有相当多的客户是在浏览网站介绍之后作出决定的，只不过他们是通过电话等其他渠道预订。此外，在线预订的属性，决定了它有24小时不间断的资讯推介效用。

但订房中心由于绩效考评，越来越将返佣作为利润跟踪指标。酒店给网站的佣金影响着酒店在网页上的排位、影响着电话呼叫中心的推荐指向以及是否能够双倍积分。归根到底，这部分客户是网站的客户，并没有真正融入酒店成为酒店自己的客户。

酒店与订房网站合作并建立联动销售，能打破地域和行政条块分割，形成有利于实现市场营销资源和旅游服务资源上的联合。在酒店分销经营管理中，酒店与网上订房网站合作推出双倍积分计划，能根据积分的多少在各加盟酒店享受优惠或免费住宿、旅行、购物、娱乐等服务，这对价格博弈型客户很有吸引力。而网上订房客户中，价格博弈型客户以及追求时尚、便捷生活方式的客户的比重，都颇为可观。

（3）协议单位。大客户是酒店的顶梁柱，是酒店的主营收入来源。协议单位客户主要是当地重要的大型国有企业、跨国企业以及政府部门，他们是各家酒店争夺的焦点。不过，由于大型协议客户数量增长有限，许多客户会同时跟多个熟悉的酒店打交道，而中小企业往往也会与多家酒店签订协议，他们或许一年也不到酒店来一次，由此可见，签这种协议并不能够有效地吸引和稳定客户。

酒店对已经签订协议的长期客户采用专人专管的政策，这样能尽快将客户的要求反馈到酒店。如遇大型团队或展会，应提前向酒店商务协议客户通气，询问他们在旺季的订房需求，以便提前作好准备，并对熟客发放酒店宣传册、感谢信及纪念品。在日常营销工作中，酒店销售部的主要精力和工作重心，无疑应放在大型协议客户上。

（二）酒店客户的动态分类

除了对酒店进行静态分类以外，还可以对客户进行动态分类。

1. 现实客户

（1）老客户。老客户是指目前正在购买和使用酒店产品和服务的客户。对于老客户的管理，要注意以下几个要点。

①让老客户持续满意。一般老客户会更多地购买他信得过的产品和服务，还会对他熟悉的产品进行积极的宣传，这在一定程度上为酒店节约了推广成本；当酒店推出新产品时，老客户会来尝试，从而使酒店的说服成本降低。与新客户相比，酒店对于老客户的售后服务成本及技术支持成本也较低。要使老客户对酒店的产品持续满意，酒店必须从以下几个方面加以改进。

首先，酒店要不断创新，提供优质的服务产品。产品质量是保证客户与酒店长久合作的唯一途径。因此，要注意建设完善的客户管理体系，将客户满意度放在首位，只有这样才能及时发现老客户已多久没有来消费了，并及时跟进原因、了解情况，改善自己的不足之处。客户很喜欢你能超越他们的期望，而不是按部就班。遗憾的是，这样的超越没有一个现成的规则，如偶尔赠送一件小礼物会给客户一个惊喜，但是每次都给礼物就成了俗套，不会再引起客户积极的反应了。而打破常规的方法，是尽可能地创造惊喜。

其次，酒店应主动接受客户的抱怨并作出积极的回应。据统计，不满的客户会向11个人抱怨，而得到满意回应的客户，则有95%的客户会成为回头客。

②学会放弃无效客户。当酒店进行获利分析时，必然会发现许多毫无贡献的老客户。对于这部分老客户，酒店应该改变他们，如可以采取发送贵宾卡、消费送积分等方式吸引他们回来。但是如果采取了很多方式都不成功，从现实的角度讲，则应鼓励这些客户“主动流失”，这并非刻意漠视某一客户群体，而是不花费太多管理精力在消费能力较弱的老客户身上。

（2）新客户。新客户是指当年新开发的客户。酒店当然要重视老客户，但对于首次入住酒店的新客户也要重视。

一个酒店的新客户开发是一项重要的日常营销工作，原则上一个经营了5年以上的酒店，新客户开发量在10%～20%，同样老客户丢失量也会有10%左右。如果没有新客户开发量不断地补充，酒店将不可能持续经营下去。

开发新客户有许多方法可以借鉴：通过老客户介绍，通过网上寻找，通过参加展会，通过黄页或报纸广告，通过商会名录，通过扫大街的方法到写字楼做陌生拜访。

（3）停滞客户。停滞客户就是虽然曾经是酒店开发的客户，也曾经在酒店有过消费，但是已经有很长时间没有任何消费的客户。具体来讲，我们可以把全年消费量小于5间夜，或是全年餐饮消费不到5单的客户归到停滞客户类别，这类客户应当引起酒店客户经理的注意。任何一个企业总有部分市场的客户在不断地调整，往往有很多老客户因为种种原因放弃。客户经理应及时、详细地了解该客户放弃的原因，如果是因为酒店某次的服务未令客户满意，应当立即道歉并及时进行补救。只要做到这一点，该市场的老客户重新启动的可能性就较大，客户回头的成功率就很高。况且该客户在酒店有具体的客户资料及历史销售数据，客户的相关信息不用再做重复调查，为客户开发节省了很多时间。

（4）争取客户。这种客户有一定的消费潜力，甚至发现他们在别的酒店有大宗的消费，但却很少使用或购买本酒店的产品和服务。对于这样的客户，酒店需要花大力气去争取。任何一个客户经理，都会有相应的客户资源，一个人脉关系很好的客户经理，一定可以利用同行或客户之间有效的资源，获取相应的客户资料。通过现有客户介绍，是争取客户的有效方法。客户介绍法是目前客户经理开发新客户常用的方法之一，因为现有客户对酒店有一定的了解，对酒店名声也有一定的信任度。如果由其推荐介绍，就可以利用其相应的网络及人脉资源，无形之中增加客户对酒店的信任度，也相应地提高了争取客户开发的速度及成功率。

（5）消亡客户。消亡客户是指连续两年以上处于停滞状态的客户。有些客户或许是公司已经倒闭，或许是已经搬走，或许是由于客户单位联系人更换，或许是酒店的客户经理没有及时跟进客户的变化，被别的酒店挖走了。要对消亡客户作分析，对于已经倒闭或者已经搬走不在同一座城市的客户，及时将客户资料放到消亡客户资料夹中；对于那些被别的酒店挖走的客户，如果是优质客户，则应该派出更加优秀的客户经理到该客户单位回访，争取让消亡客户“起死回生”。

2. 潜在客户

潜在客户指的是对酒店有消费能力和需求，但是尚未成为现有客户的客户。

这部分客户是酒店需要花大力气重点开发的，如果说客户是一座冰山，那么现有客户只是冰山一角。为什么他们还没有成为现有客户，只是因为你的产品不一定符合他们的需求，或者是他们还不了解你的产品，酒店的市场营销部门要找到客户的需求点在哪儿。现在流行的说法就是要找到客户的“痛点”在哪儿，客户需要什么，我们就做什么。

二、酒店客户价值管理

（一）酒店客户价值

1. 客户价值

客户是酒店最重要的资产，客户价值是酒店最核心的价值。这已经成为众多酒店经营者的共识。但是客户价值到底是什么？

客户价值不仅是客户当前的盈利能力，也包括企业将从客户那里获得的贡献的折现净值。把企业所有客户的这些价值加起来，称为客户价值。企业的客户资产就是指企业所拥有的客户终身价值折现值的总和。

2. 酒店客户终身价值

客户终身价值是指酒店在与客户保持客户关系过程中，从客户那里所获得的全部价值。它包括购买价值、口碑价值、信息价值、客户交易价值。

酒店是一个可以长期、反复出售产品的行业，这样客户为酒店创造的价值也是由购买酒店产品的期限长短、间隔时间长短、购买产品的重复性来决定的。客户的终身价值就是每个客人在未来可能为酒店带来的收益总和。

客户的终身价值由三部分构成：历史价值，就是以往已经实现了的客户价值；当前价值，就是如果客户当前行为模式不发生改变的话，将来会给酒店带来的客户价值；潜在价值，就是如果酒店通过有效的交叉销售可以调动客户购买的积极性，或促使客户向别人推荐产品和服务等，从而可能增加的客户价值。

（二）酒店客户的价值管理

1. 客户价值管理认知

客户价值是客户对酒店的价值贡献度。这里的价值既包括经济价值，也包括社会价值。

客户价值管理就是企业根据客户交易的历史数据，对客户的生命周期价值进行比较和分析，发现最有价值的当前的和潜在的客户，通过满足其对服务的个性化需求，提高客户的忠诚度和保持率。客户价值管理是客户关系管理成功应用的基础和核心。

客户价值的差异性是客观存在的，而酒店的资源又相对有限。因此，区分酒店的客户价值并提供与之匹配的差异化的客户服务策略，就顺理成章成为选择。例如，为高价值客户提供更优质的产品和服务，为普通客户提供普通标准的产品和服务，以达到有效配置酒店资源的目的。

2. 酒店实施客户价值管理的意义

（1）可以带来大量现金流量的客户。对现有客户按照消费时间、消费数量等指标进行排序，得出哪些客户真正为酒店带来了大量的、稳定的现金流量。这部分客户才是酒店要去重点开发、重点维护的群体。只有他们持续稳定、大量地消费，才能保障酒店的持续发展。

（2）可以找到为酒店带来较高盈利的客户。消费金额较高，也是酒店用来区分重点客户与非重点客户的一个重要指标。因为其需求量大，所以才大量消费。酒店可以用盈亏平衡法来分析客户的成本。如果开发一个客户的成本过高，没有形成盈利，酒店宁可失去这个客户，也不要去维护这个客户，因为他不能给酒店带来利润，去维护他只会增加酒店的财务负担。

（三）客户价值管理中的营销团队建设

对客户进行分级管理意味着要进行相应的组织、流程配套，否则客户分级也就失去了意义。可能的客户分级管理配套措施包括以下内容。

1. 流程的差异化

通过差异化的流程来为不同级别客户提供差异化的服务，或者针对不同级别客户采取不同的市场、销售策略。

2. 组织的差异化

客户经理制是客户分级管理的一种重要形式，不同客户的管理差异在于是否有专职客户经理提供长期的、一对一的专业服务，或者在于是否由不同水平的人员担任不同类别客户的客户经理。客户级别越高，负责该客户的售前、产品和服务提供、客户关系维护的人员能力要求就越高。所以，客户的分级也对应着销售或服务人员的分级，而这种分级其实可以是营销团队管理的一种方式，也可以是营销团队建设的一种架构。我们可以针对不同级别客户，制定相应的不同级别销售或服务人员的能力素质模型，作为相应的招聘、培训、考核、薪酬和晋升或降级的依据，从而建立营销团队的管理体系。

第三节　现代酒店不同渠道客户管理

一、团队客户关系管理

（一）团队客户

团队客户是指具有相同目的、相同背景的客户进行的组团式消费的客户。团队客户（特别是会议型团队）是酒店收入的重要来源，对于会议型酒店而言，往往30%的团队客户可以贡献企业70%的营业额（有些甚至超过90%）。因此，团队客户是各大酒店努力争取的客户对象，酒店必须高度重视高价值团队客户以及具有高价值潜力的团队客户。

团队客户每年都会与酒店达成合作协议，在合作协议中规范了合作双方的权利和义务，酒店以协议价格为客户提供会场、用餐、住宿等酒店服务。

（二）团队消费的特点

与散客客户相比，团队客户具有消费人数多、消费总额大、消费周期长、消费标准相对固定、消费单价低等特点。另外，工作会议一般安排在每个季度结束的时间段举行，经销商会议、年会一般在岁末年初举行。

（三）团队客户的分类

1. 按团队性质划分

（1）旅游团队。如旅行社、旅游公司等团队客户。

（2）其他商务公司。以公司或个人为主达到一定人数的也可称为团队。

2. 按客户特征划分

按客户特征，团队客户可分为经济产量大客户、重要客户、集团股东客户等。其中，经济产量大客户是指产品使用量大、使用频率高的客户；重要客户是指重要部门的客户；集团股东客户是指与本企业在产权、所有权中具有密切联系、使用本企业产品的客户。

3. 按团队规模划分

（1）按团队人数：小型团队，100人以下；中型团队，101～500人；大型团队，501人以上。

（2）按消费产品种类：单纯会议，只使用会场；综合会议，在酒店范围内使用会场、用餐、住宿等酒店产品。

4. 按客户团队的消费周期划分

（1）一次性消费团队客户。

（2）多次消费团队客户（大客户）。

例如，一个团队会议今年开了一个消费100万元的会议，明后年不开了，则不将其视为大客户；但如果是持续的消费行为，今年消费100万元，明年消费100万元，后年还消费100万元，那么我们就可以认为它是大客户了。

区分一次性消费的团队客户和多次消费的团队客户（大客户）的意义在于：要想客户在酒店有大量消费，酒店必然要下很大的工夫，动用非常多的资源。如果客户团队可以持续在酒店消费，那么前期开发大客户的成本分摊到后面持续的采购行为当中，等于分摊酒店方面的付出成本。但如果是一次性消费，就需要考虑投入产出比。

5. 按客户单位采购需求划分

有的企业团队，如银行业，按照总行、省分行、市分行（中心支行）、县区支行、街道营业点等框架划分，具有大范围的分支机构，一般都会建立自己的全国范围内的供应商采集库。符合标准（酒店级别、酒店产品价格等）的酒店供应商都会进入其供应商采集库，在有团队业务需求时，经办人会结合区域内实际情况进行统一择优选择。

6. 按行业划分

（1）保险业、教育培训团队等。客户特点：一是会议人数多，经常有501～2000人的大型会议，只是单纯使用会场，住宿、餐饮等综合性消费相对较少；二是会议安排临时，大都根据工作任务完成量临时安排会议，预订场地档期比较急；三是预算偏低，会议举办场次多，参加人数多，预算低，控制消费总量。

（2）重工机械、银行业、电力行业等。客户特点：一是对场地要求高，重工机械类往往要求酒店有室外大型场地，用来停放展示的机械设备。汽车类要求有液压车载电梯，会场门足够大，这样会场可以进入展车。二是对服务水平要求高，银行业、电力行业预算比较充足，对酒店会场、客房设施设备、餐厅菜肴质量有较高的要求。

（四）团队客户工作规程

1. 酒店产品报价、信息确认、合同签署

（1）报价。酒店针对团队客户的产品报价（会场、用餐、住房等）一般以文字形式（原件、传真）进行，并需要盖章确认。销售经理应以市场销售部统一的报价为模板，如客户有特殊要求，可制作专用报价单。

一些大型企业通常会集中建立供应商采集库，在年初报价材料统一入库。该企业会议在一段时间内只需要提供一次报价。

制定合适的酒店产品报价区间。面对竞争越来越激烈的酒店行业市场，市场销售部一般要根据时间节点（淡旺季、大型展会、促销活动、档期调整等因素）制定合适的酒店产品报价区间，切忌全年固守一个价格区间。市场销售部所有销售经理的报价均应在该价格区间内合理浮动。特殊价格可报请酒店批准后再执行。

（2）规范管理。所有的酒店产品资源预订、变更、取消均应以文字或内部OA系统审批，清晰明了、准确无误，记录可查询。所有预订必须和酒店现有资源一一对应，然后再下单到相应部门落实预留。

（3）签订酒店资源预留合同。报价单经双方认可后执行，根据报价单内容签订酒店资源预留合同，在合同中明确说明使用酒店产品资源的项目、数量、价格等标准，约定预付款金额、预付时间、结款方式、结款期限等内容。

（4）执行合同。根据双方合同签订的内容逐项跟进执行，确保团队活动在酒店顺利举行。

2. 客户档案的留存及交接

要按规定做好客户合同档案、客户、工作任务布置单等日常文字内容留存及交接工作。

（1）团队客户的预订、变更、取消和客户档案资料的建立、更新、注销，统一按照酒店及部门工作制度进行。需要抄送酒店其他营业部门的，要落实签收程序。

（2）合同、工作任务布置单、请示等材料以年度为范围进行收集、整理、装订。涉及酒店档案管理工作范围的按照酒店工作时间节点交到总经办、财务审计等部门。

3. 重大团队和大型团队的接待

（1）制作详细、周到的接待预案并上报酒店领导批准。将酒店领导批准的有关团队接待的内容抄送给酒店前厅部、客房部、餐饮部等相关职能部门，销售经理要提前落实计划内的各项安排和细节，确保接待整体准确无误，让客人满意。

（2）前期多次与团队经办人沟通。前期需要与团队经办人进行多次沟通，尽可能了解团队客人的入住信息、抵达时间及团队活动当天在店的流程和安排。团队在店期间，实时与经办人联系、沟通，及时、妥善地解决出现的各种突发情况。团队离开后，与经办人沟通、反馈情况，找出接待工作中的不足，在后期团队接待中进行改进。

（五）团队客户的客户关系管理

1. 团队客户管理目标

（1）利用价格杠杆，旺季时将酒店利润最大化，淡季时追求高出租率。

（2）通过不同的手段更好地将酒店及周边优势资源整合，吸引各类团队客源。

2. 客户拜访

（1）准备拜访资料。销售经理需携带个人名片、酒店图册、酒店内部刊物、酒店最新产品宣传单页等。精美的酒店宣传片生动、信息丰富，能反映企业文化和理念，作为对外公关制度化、经常化的最佳手段，是发布酒店产品信息和酒店动态的窗口。

（2）做好“三个了解”。拜访客户前要做好“三个了解”。一是了解客户的具体信息，包括客户的公司性质、公司规模、公司行业特征、公司主要产品、客户消费习惯等信息。这些信息是销售经理为客户推荐酒店产品的基础，也是与客户沟通时寻找合适话题、谈话突破口的必要条件。二是了解酒店产品信息。了解酒店产品信息是对销售经理最基本的要求，熟悉自己酒店的产品，才能结合客户实际情况，为客户选择最合适的酒店产品，才能面对客户的提问侃侃而谈，让客户感受到细致的服务。三是了解同行酒店信息。如今，行业竞争越来越激烈，产品信息也越来越透明，充分了解自身产品和同行产品的优劣势，才能在客户面前扬长避短，把自家产品最好的一面展现给客户。

拜访客户之前一定要做好相关的准备工作，做到有礼有节、不卑不亢。

3. 客户公关

（1）在传统节日活动时，邀请客户单位经办人来店体验。在酒店推广和在春节、七夕、端午、中秋等传统节日举办活动时，邀请客户单位经办人来店体验。只有经办人自身融入酒店环境，体验酒店产品，才能更直观地形成对酒店的客观感受。

（2）偶然间的“小惊喜”。冬日的一杯热奶茶、夏日的一杯冰饮料、客户生日当天的一个小蛋糕，不仅是酒店对客户的公关，更是酒店对客户的真心实意。把客户当成朋友，和客户成为朋友，是销售经理工作中不断追寻的目标。

客户公关只是销售工作中的敲门砖，是销售酒店产品、维护客户关系的一种锦上添花的方法，可以拉近销售经理与客户之间的距离，但最终维护客户还是需要自身靠得住的产品，需要销售与客户之间的真心真情，需要建立在供需双方合作共赢的基础上。否则，仅靠物质维系的关系无法长久。

4. 接待团队经办人来酒店参观

（1）做好客人参观的协调工作，通知有关部门客户参观的具体信息。接待客户，尤其是重要单位（团队）的经办人来酒店参观也是客户管理工作的重要组成部分，需要协调其他职能部门并告知客户在酒店参观的具体信息，如参观的性质、人数规模、客户身份（级别）、持续时间、酒店内的行走路线等。

（2）提前准备好客户参观的会场、客房、餐厅等场地。销售经理和服务负责人要在客户到店前按照既定店内行走路线检查会场、客房、餐厅等设施设备。

（3）恭候客人参观。在酒店大堂或其他指定位置提前等候客户到达，按照客户级别，大堂副总经理、销售部负责人、分管副总经理、总经理协同等候接见。在参观酒店过程中，如遇到酒店其他领导在场应向客人介绍。

（4）做好善后工作。参观结束后，销售经理必须陪同客户到酒店门口并送别客户。根据客户对酒店的产品要求，编辑整理一些酒店的资料（文字、图片、视频）发给客户，对客户在参观中重点提出的问题予以记录，及时反馈给部门负责人及酒店其他职能部门，得到酒店方面有关领导的最终解释后，再转达给客户。

5. 建立团队客户档案

（1）为团队客户建立客户档案。随着市场竞争日趋激烈，粗放式的客户管理已经不能适应当前的形势，对于客户管理的基础性工作——档案管理就需要实现精细化、系统化。客户档案可以真实而详细地记录该客户在酒店的消费历史、消费金额、经办人信息、历次会议规模、信用等级等信息。这些信息可以为销售经理与客户合作提供真实、有效的依据。

（2）客户档案建立是一个动态过程。要在已有资料的基础上不断更新、完善，酒店行业受到宏观市场环境和微观客户变化的影响很大，客户档案需要不断地更新和动态调整。要以与客户的合作为前提，加强对客户资料的收集和整理，定期开展对客户档案的修订、核查工作，及时了解客户动态的变化，确保档案信息的准确性、时效性，以为下一步的营销与合作提供有力支撑。

（3）在客户档案管理中要主次分明。在客户档案管理中往往要重点关注前10%、后10%的客户，只有这样才能维护优质客户，发掘潜在客户，获得最大化利润，降低企业风险。对大客户的信息收集工作一定要做深、做细，经常与客户联系，了解客户单位动态，让客户感受到被持续的关注；对风险性大的客户管理，要重点关注其经营状况，随时了解其经营动态，并不定期调查，提醒业务人员有关客户的当前状况，最大限度地控制风险。

（4）确保客户档案的真实有效性。建立客户档案的初衷就是为酒店决策服务，为酒店经营服务，切不可为了做档案而做档案。建立准确、完备、客观的客户档案，是销售经理与客户沟通时选择判断的重要依据，是随时随地了解客户的重要途径。客户档案管理不能停留在一些简单的数据记录和单一的信息渠道来源上，要坚持多方面、多层次、全方位地了解客户信息。

（5）专人负责客户档案。客户是酒店的生命线，客户档案是见证酒店发展的真实资料，是酒店与客户之间互惠互利、友谊长青的历史见证。因此，负责此项工作的管理人员要有高度的责任感和使命感。需要特别强调的是，客户档案管理人员还要具备对档案内容、数据的调查分析总结能力。

6. 认真签订团队客户服务合同

酒店在签订团队客户服务合同时，可通过前期的预判，将部分重要条款进行更改或明确，以防纠纷的出现。

（1）团队客户用房、宴会会议厅及餐厅，由于需要提前针对人数做出特定安排，酒店应该在合同中明确规定各个时间节点的取消政策。

（2）商定团队合同时，酒店在与团队明确人数/房数的时间点的同时，还需对细节的修改如时间和次数等作明确规定。例如，具体到店日期、菜单等信息，以防由于多次修改而耗费的人力及时间成本。

（3）对人数较多的团队客户，酒店需提前与团队方沟通备用方案，以灵活应对不同状况。

（4）合同中需明确列明预付金的数额、预付时间，以减少纠纷。

（5）由于团队活动会占用酒店大量的资源，为保障酒店的合法利益，合同中需明确注明取消规则和违约金条款，同时违约金的比例也应与入住日期的远近相关联。

7. 团队客户关系管理中的危机处理

（1）团队客人投诉的处理。

①对服务态度的投诉。客人对员工的服务态度，如言语粗鲁、态度冷漠、爱答不理等的投诉。

②对服务质量的投诉。如酒店的员工没有按照相关的正规服务流程来服务，包括分错房、会议物品提供错误、行李无人搬运等的投诉。这类投诉在酒店接待繁忙时很容易发生。

③对设施、设备的投诉。因未能及时检查、维修酒店的设备、设施（如空调、照明、供水、电梯等）而造成的问题的投诉。尤其是历史悠久的老酒店，更容易出现此类现象。事实上，即使酒店建立了较完善的维护制度，也很难完全消除所有设施、设备存在的潜在问题。

面对会议代表（特别是经办人）的投诉，无论是哪种类型，酒店方面一是要高度重视，立即整改。先做事，再道歉，往往好的补救措施和补救结果，再加上诚恳的道歉，更容易得到客人的谅解。二是要在整改后再次征询经办人的意见，了解经办人对整改措施的反馈。三是不断总结经验教训，避免出现同样的问题。

（2）酒店资源短缺问题的处理。

①自然情况下的酒店资源短缺。在为客户预订酒店资源时，如客户要求的房间数量大于本酒店实际持有数量，在征得客户同意的情况下，主动为客人寻找周边同等档次的酒店客房资源，再组织大巴运送外宿宾客。在本酒店服务人员充足的情况下，可安排酒店工作人员到外宿酒店协助客户办理入住手续。如客房短缺

情况比较频繁，可以与周边同等档次的酒店签订合作协议，以更顺畅地为客户办理外宿服务。

②人为因素下的酒店资源短缺。一些人为的因素，如酒店客房超预留、预留重复、预订错误导致的部分宾客无法使用会场、房间、餐厅等酒店资源，应第一时间为客户解决问题。一是检查内部资源情况，一些可以协商取消的预订予以取消。与同期在酒店预订的其他团队联系，精确预留的资源，对于多预留的资源予以取消。二是在附近寻找类似酒店资源，酒店主动承担来回交通费用，把在本酒店无法入住的宾客运送至其他酒店。三是向经办人道歉，说明情况，适当赠予客户单位部分酒店产品作为补偿。往往在消除错误的过程中，可以更好地与客户经办人沟通，取得对方的原谅和信任，为今后双方继续合作起到积极的作用。事情处理好后，应总结教训，找出问题的根源，对涉及的酒店人员给予相应的处理，减少类似问题的再次发生。

（3）不可控因素的影响。对于地震、水灾、雪灾等自然灾害的影响，国内外重大事件的影响，应第一时间告知原预订客户，在双方已签订合同的基础上进行协商，如更改活动日期、联系更改到其他酒店举办等，最大限度地减少损失。

二、政府客户关系管理

（一）政府客户

政府客户是指因政府消费而形成的客户群体，如政府工作会议、地方招商引资、外事接待服务等，是酒店日常接待中的一个重要组成部分。政府客户支出主要为财政支出。政府客户不同于企业客户，有特定的采购主体，一般情况下为省、市两级政府采购机构。采购资金为政府财政性资金，按照财政收入取之于民、用之于民的原则，政府采购活动必须公开、公正、公平地开展。酒店提前参加所在省、市两级党政机关定点酒店招投标工作，中标后作为财政采购库中的供应商，合理、合情、合法地为政府客户提供会议、餐饮、住宿等相关服务。

（二）政府客户分类

政府客户主要在酒店举行各种政府会议，包括以下类型。

1. 一类会议

一类会议是国务院批准的、以国务院名义召开的，要求省、自治区、直辖市、计划单列市负责同志参加的会议。

2. 二类会议

二类会议是国务院各部委、各直属机构召开的，要求省、自治区、直辖市、计划单列市有关厅（局）或本系统在各地机构的负责同志参加的会议。二类会期一般不得超过3天，与会人员一般不得超过300人，工作人员控制在代表人数的15%以内。

3. 三类会议

三类会议是国务院各部委、各直属机构及其所属内设机构召开的，要求省、自治区、直辖市、计划单列市有关厅（局）或本系统在各地机构有关人员参加的会议。三类会议会期一般不得超过2天，与会人员不得超过150人，工作人员控制在代表人数的10%以内。

4. 四类会议

低于以上级别的政府会议为四类会议。四类会议与会人员一般不得超过50人。

（三）政府客户的客户关系管理

政府客户的客户关系管理主要强调以下几个方面。

1. 建立政府客户档案

针对当地政府和政协各部门名录进行收集，建立符合酒店需求的重要客户档案。通过了解各政府部门会议、住宿及其他需求并予以跟进，进行日常定期与不定期的拜访；在节假日及相关重要人员生日时，通过信息平台送去祝福，加强情感交流。

2. 加强与具体经办人员的沟通

酒店市场销售部要安排销售经理进行专人对接，长期、稳定对接经办人，密切与各层次人员的交往，理顺客户单位各部门之间的关系。要以真诚的态度打动人，要以工作热情感动人，要以认真的工作态度使该单位将本酒店作为会议的第一选择。

3. 做好日常接待

接待政府客户、团队时，首先要了解预订人姓名、职务、团队（单位）名称。记录经办人单位信息、总需求房间数、团队中外宾人数（外宾是否需要报备当地相关上级主管部门）、陪同房间数、抵/离店日期、抵/离航班、付款方式等。与酒店预订部联系预留所需房间、会场、用餐等相关资源。落实后，按照时间节点跟进，与对方确定具体房间、会场、用餐等细节。最后将用餐地点、会场位置、房间情况告知对方经办人。重点是与经办人沟通好此次政府接待的标准，如根据活动性质确定用餐餐标（用餐人数、参加的领导级别、招商引资、外宾参加等）、房间标准（住客级别、外宾参加等）。

4. 做好贵宾接待

接待贵宾时，要认真、仔细地做好一系列的准备工作，对于下榻酒店的贵宾要事先了解：一是提前和经办人沟通了解该贵宾的现任职务、级别（如离退休，则根据其离退休前职务、目前享受的职级待遇）；二是了解其个人习惯，如饮食嗜好（吃辣、海鲜、酒类、动物内脏等）、睡眠要求（硬板床、荞麦枕、安静的房间、楼层）；三是了解个人近况及要求，是否要为其准备眼镜、报纸、药品等。

（1）贵宾抵店前。

①与客房预订部、前厅、客房落实贵宾所入住的房间，将房卡交于当班宾客关系主任或经办人。

②检查贵宾房间门卡是否正常使用，房间内设施、设备是否齐全并正常使用，鲜花、干果点心、欢迎信、总经理名片是否摆放到位。

③与餐饮预订、后厨、餐厅联系安排贵宾在店期间的餐饮，并按照之前了解的贵宾需求逐一检查、确认。

④与经办人提前沟通，了解贵宾所乘坐交通工具的车次（航班）、车牌号码、到店时间、进店行走路线等信息。

⑤信息由酒店对接专人编辑，根据贵宾级别抄送给前厅、客房、分管副总经理、总经理等酒店各级人员。

（2）贵宾到店。

①根据贵宾级别，市场销售部经办人、宾客关系主任、分管副总、总经理或其他相应人员在贵宾进店位置等候到达。

②入口处为贵宾车辆预留下车及停放位置。贵宾到店后，由宾客关系主任或其他专人按照提前设计好的店内行走路线引领贵宾进入指定场所。

③个人级别较高的贵宾按照其级别通知酒店安保部或对接当地派出所（公安局、警卫局），做好酒店范围内的安保工作。

④与对方单位经办人保持联系，及时、周到地解决好贵宾在店期间内的各种需求。贵宾在店用餐宴会需求，根据计划提前与餐饮部联系安排好地点，做好相关服务工作。

（3）贵宾离店。

①与对方单位经办人确定贵宾离店时间，并按照贵宾级别安排销售经理、市场销售部总监、分管副总经理、总经理等相关人送离。

②安排预留车位，大件行李提前运送到相应位置。

5. 做好贵宾会务团队接待（专项会议接待）

根据会议及与会贵宾级别、会议人数规模、时间节点等因素，做好会议接待预案，对接待工作中的一系列环节逐一做好相关准备。

（1）餐饮部分。

①考虑到在店时间长短、用餐次数，要对接厨务部确定每餐菜单的品种、口味。如果会议代表中有少数民族代表，需提前作好安排。

②做好餐前检查工作，根据宴请单要求，在餐前认真做好设施设备、菜品、人员到位等专项检查工作，了解贵宾餐饮喜好、忌口，预留好贵宾用餐餐位或区域。

③跟踪餐中服务工作，严格遵守贵宾接待服务流程，开展细心、细微、细致的服务，突出用情服务、用心做事的精神，争取给每一位用餐的客人留下好的印象。

④在用餐结束后，做好贵宾欢送工作。

（2）会场部分。

①会前对所有参与服务人员进行强化、细致培训，对各会场将要参会的贵宾有所了解，以便更好地提供服务。

②每场会议开始之前，都要对场内物品摆设、台型、话筒、灯光、音响做全面、细致的检查。每场会议结束后，第一时间与经办人对接，及时安排下一场会议的排位座次、行程路线。

（3）客房部分。

①检查客房设施、房间内常规物品配备，以及客房辖区的卫生工作。

②对接经办人，配备入住客人所需的眼镜、血压计、书籍、鲜花等个性化用品。

（4）美工部分。

①提前与会议经办人对接关于会场布置（背景桁架制作、喷绘材料选定、横幅尾标制作、欢迎指引水牌、欢迎信等），并按照会议流程及时安装到位。

②会中进行照片、视频的拍摄，为酒店或客户留存相关资料。

（5）酒店会议对接人。

①会前反复沟通，重大型会议需要召开会前协调会。及时了解并掌握会务组的各项需求，第一时间反馈给酒店相关领导、各职能部门，以及餐饮、客房与会议的具体负责人，根据要求及时调整、整改。

②会议期间如有问题及时反馈给相关部门进行整改和检修，提前对接贵宾信息（如贵宾名单、航班号、接待车辆车牌、到店时间、行走路线、贴身管家、在店行程安排、离店时间等），并落实到部门、个人。

③提前与会务组确认各会务手册内容、会场会标、尾标、指示牌、标语等确切的文字，做好会议文宣用品制作、安装工作。制作会议流程表、客户行业背景等会议相关应知、应会内容，抄送酒店各相关职能部门学习使用。

（四）政府客户的客户关系管理中应注意的问题

1. 建立互利双赢模式

实时关注酒店所在省市的财政政策，如党政机关定点酒店费用标准、出差标准，合情合理地为政府客户提供服务咨询。这样既为酒店营收的增加添砖加瓦，也为政府节约开支建言献策，还为政府单位又好又省地举办会议贡献出酒店的力量。

2. 掌握政策动向，挖掘会议信息

要加强会议信息的挖掘。信息也是生产力，及早从源头上获取商机信息，往往可以起到事半功倍的效果。要紧跟政策导向，政府提倡的，就是酒店要做的，顺应政策环境，才能有信心、有底气做重大项目。沿着政策走向，才能分析判断下一步的动作，迅速捕捉商机。一是要加强与交通、水利、国土、建设等大系统部门的联系，从源头上及早获取相关项目信息，做到早上门、早营销、早收益。二是要加强财政源头信息的收集，重点收集财政改革信息、财政账户开立信息、财政资金流向信息、财政关键岗位人员信息及同行业营销动向信息，有针对性地采取措施。三是要紧跟资金流，加大对财政下游机构类客户的营销，提高下游承接率。认真

梳理财政资金拨付的下游承接客户，特别是财政、交通、水利等大系统的下游承接客户。

3. 加强队伍建设

业务发展离不开人，人是关键因素。要牢固树立以人为中心的理念，把人脉关系广、业务素质高、责任意识强且年富力强的员工选拔到机构业务客户经理岗位上，充分挖掘员工的潜力，调动员工的工作热情和积极性。要加强业务培训，使员工熟悉机构业务知识，提高业务技能。要强化员工服务意识，成立财政业务营销服务团队，准确分析客户需求，精心打造产品和方案，做出亮点，提高市场地位。

第四节　现代技术与酒店客户管理

一、客户大数据在酒店管理中的应用

随着大数据时代的来临，通过什么渠道（in which channel）、对谁（to whom）、取得了什么效果（with what effect）这三点在传统营销时代无法解决的问题，已经迎刃而解了。因为大数据营销的本质是影响目标消费者购物前的心理路径。它主要应用在三个方面：一是大数据渠道优化；二是精准营销信息推送；三是线上与线下营销的连接。大数据信息技术的运用使线上营销和线下实现成为可能。

大数据来源于信息技术和互联网的发展，并以爆炸式的扩散方式迅速改变了我们的工作和生活，越来越多的领域开始关注大数据，并把大数据的运用作为促进行业转型和发展的重要契机、工具和途径。

互联网的发明与应用意味着新信息时代的来临，同时也标志着大数据时代的来临，将从数据中总结出的规律，应用到酒店商业领域，则可以了解酒店与消费者的动向，从而获得商业价值。未来酒店业的客户管理，必须运用大数据理论和方法。

长期以来，很多数据存在于酒店基础设施中却得不到很好的分享对比、可视化分析，即大部分酒店的CRM未与酒店的ERP、SCM系统整合，存在于酒店内部的“小数据”未得到充分的收集及处理。当“大数据”来临时，对于大部分存在

于酒店外部的，诸如城市旅游数据、网站分析、社交媒体、网络点评、用户分享的音视频等信息数据，酒店也很少通过系统的方法进行梳理、深化以及与消费者进行有效关联。

随着大数据时代的到来，对于酒店来说，拥有更多、更大量的数据是好事，但关键还是如何利用数字信息流，更好地发现、追踪、维持忠诚客源，提高酒店的收益。

（一）利用大数据扩大客户数据收集的范围

大数据时代来临之前，酒店多是使用CRM系统中的客户信息、市场促销、广告宣传、展览等结构化数据，但这些信息只能达到酒店正常营销管理需求的10%，并不能帮助酒店洞察市场全图。而90%的数据存在于城市旅游分析、市场趋势分析、竞争者分析、社交媒体、网络点评等渠道中，酒店需将这部分的大数据以系统的方式挖掘出来运用在线舆评管理工具（如慧评网）对网络点评进行的收集及管理等。这些方式均可收集消费者的住前、住中、住后的数据，提炼出用户的基础属性、社会属性、行为习惯、兴趣偏好等信息，再高度凝练为不同的消费者标签。

（二）运用大数据对客户的消费行为进行分析，可为酒店找到有价值的新兴细分市场

酒店市场的细分是收益管理工作的基石，可以说没有市场细分，既无法对不同的目标市场制定差异化营销策略，也无法分析和了解不同客源群体的消费行为和价值取向，从而使客房差别定价、价格优化和存量分配三个方面的工作无法顺利开展。这是因为每一项工作都是基于不同的目标市场来进行的，而目标市场的确立，恰恰来自不同的细分市场。

不断寻求有价值的新兴细分市场，把酒店有限的客房资源以更高的价格出售给这一市场，是酒店提高客房收入的有效手段之一。过去，多数酒店的细分市场是按传统的方法来细分的，固定不变的客源群体结构很难使酒店的客房收入得到提升。随着时代的进步和消费者观念的转变，消费者的需求、行为和趣向已开始改变，呈现出个性化和多样化的特点。在现有细分市场的基础上，善于发现和挖掘新兴的更具价值潜力的细分子市场，是酒店提高客房收入的有效途径。例如，某酒店有着传统的来自OTA的商旅散客、公司会议和旅行团等细分市场，由于客源结构长期不变，每一个细分市场又需要分得一杯羹，提高价格也得不到这些客

户的认同，而酒店的客房资源又是有限的，因此如何提高客房收入成为困扰酒店管理者的一大难题。然而，这家酒店管理者并没有意识到，在这个城市的外来商旅人群中，有不少的“新派一族”，这是一群年龄在30~35岁、与互联网共同成长起来的一代人，有着互联网思维和依赖移动互联网消费的习惯。对新生事物充满激情和活力，追求时尚和创新，喜欢交友、互动和尝试新事物，更主要的是他们对价格不敏感，只要酒店产品能满足他们的需求，他们就愿意以更高的价格来购买酒店的客房产品。对于传统的酒店来讲，这是一个新兴的细分市场。如果这家酒店管理者能先竞争对手一步发现并抓住到这个市场，通过优化酒店服务和产品来满足他们的需求，那么这一新兴细分市场将会给酒店带来更高的收益。一些对酒店贡献率低的细分市场也将被这一新兴市场所替代。

由此看出，挖掘和发现潜在的新兴细分市场，对酒店在现有客房资源的情况下提高收益十分重要，而大数据的思维模式和方法可以帮助酒店管理者来获得这些信息。在互联网迅速发展的今天，搜索引擎、购物网站、社交媒体以及为酒店提供服务的PMS供应商和电子分销渠道中都蕴含了大量客户消费行为模式的数据，只要把这些数据的能量充分释放出来，就能应用大数据的思维方式来为酒店提供预测服务。通过大数据对客户的消费行为进行分析，酒店找到有价值的新兴细分市场变得更加便利。

（三）运用大数据助力酒店市场营销工作的开展

酒店运用大数据最直接的目的是实现对外的精确定制营销，对内快速反馈改进。当下对于酒店行业而言，客户体验的是酒店的产品与服务，一方面，体验感会留在客户的记忆中，客户以点评的方式抒发并分享。点评网站、社交网站和自媒体平台是展示体验感的重要媒介。酒店可以通过成功的社交网络大数据解析，进行精准营销。另一方面，在传统的市场竞争模式中，由于酒店获取数据资源的途径有限，只能够依靠有限的调查数据对个体竞争者进行比较分析，无法全面掌握市场动态和供需情况，特别是竞争态势更难以确定酒店在竞争市场中所处的地位，因此给酒店制定正确的竞争策略带来了困难。随着酒店营销管理理念的不断更新，传统营销模式面临着严峻的挑战，对管理者准确掌握市场信息、精确了解竞争对手动态、制定合适的价格提出了更高的要求。市场竞争的分析也由原来简单的客房出租率、平均房价、RevPAR分析转化为对竞争群的数据分析，如市场渗透指数（MPI）、平均房价指数（ARI）、收入指数（RGI）等，从维度上讲还有时间维度、市场份额及同比变化率等。通过对这些市场标杆数据的分析，酒店管理者可以充分掌握市场供求关系变化的信息，了解酒店潜在的市场需求，准确获得竞争者的商情，最终确定酒店在竞争市场中的地位，从而制定准确的营销策略、打造差异化产品、制定合适的价格。而大数据的应用概念正是需要酒店获取这些市场数据，并通过统计与分析技术来为酒店提供帮助。在对客户的消费行为和趋向分析方面，酒店平时要善于积累、收集和整理客户在酒店消费行为方面的信息数据，如客户在酒店的花费、选择的订房渠道、偏好的房间类型、停留的平均天数、来酒店属地的目的、喜欢的背景音乐和菜肴等。如果酒店积累并掌握了这些数据，便可以通过统计和分析来掌握客户的消费行为和兴趣偏好。当客户再次到来时，发现酒店已经为他准备好了他喜欢入住的房间，播放着他爱听的音乐，为他推荐喜欢吃的菜肴，那么他就会成为酒店的忠诚客户。

（四）数据连接的价值和潜力

当酒店品牌数据能对接另外的数据时，转换的可能性会进一步扩大。例如，一个酒店品牌如果能够与航班分享数据，那么通过品牌间的互动就可以了解用户在飞机上和酒店里的行为表现和花费情况。

二、移动互联网时代酒店客户管理新方法

（一）移动互联网正改变着酒店传统的客户关系管理模式

随着5G时代的到来，移动互联网已经彻底渗透人们工作、生活的各个领域。移动互联网作为兼有移动性和互联网双动力的新事物，它的内涵早已超越了“移动的互联网”这个范畴，更是物联网、泛在网络和泛在智慧的集合体。它不是简单地随时随地上网，而是网络、终端和应用的统一融合体。移动互联网也正在以其自有的方式改变着酒店传统的客户关系管理模式。酒店需要快速跟上移动互联网潮流，才能得到社交经济快速扩散的好处。

（二）移动互联网时代的酒店营销策略

1. 从 CRM 到 SRM

客户关系管理一直以来是酒店经营中非常重要的指标。它记录客户的身份数据与消费记录，同时关注客户的需求，掌握客人喜好，无须提醒，以便于提供更好的服务体验。而在移动互联网需求加重的趋势下，酒店应思考如何利用工具或

系统来提供品牌差异化服务，加大力度收集客户资料，掌握更多可以贴近客户的机会，了解客户从什么角度看待他们预订的酒店，塑造的酒店品牌精神是什么，以及如何在移动互联网中进行社交的推荐，以服务需求驱动消费的转换呈现。

社交关系管理（Social Relationship Management，SRM）将会是未来酒店在移动互联网上重要的指标。过去的客户关系管理，偏重对客户接触流程（销售漏斗）的管理。移动互联的SRM不仅有销售漏斗，更重要的是有交互性、社群功能。客户在SRM系统里不再单纯的是一个购买者，而是一个真实的用户、真实的生活者。这时，SRM能对客人喜好、消费行为的全程进行记录，提高客人黏着度，帮助酒店建立内部移动化管理与扩展外部移动服务的应用。通过大数据分析平台进行转换率的优化迭代，找出最佳导购方式确认转换率，拉动消费，提高市场占有率。

SRM将会是移动互联网酒店需要建立的重要标准，如何让酒店App可以留存于客户手机也更重要。手机开门服务将会是关键，如洲际、希尔顿酒店集团都相继推出这项服务。酒店利用手机开门建立创新的开门体验服务，给予客户下载酒店App必要的动机，让酒店得以建立客户与酒店移动应用的良好体验，开启服务无所不在的入口。

2. 通过客户参与的建议，确定酒店营销策略

酒店经营者和数字营销应该切合移动互联网的最新发展，利用快速发展的粉丝经济与社交传播的扩散，借助云计算和数据挖掘技术挖掘数据中蕴藏的价值；通过建立营销数据模型与历史服务信息，对未来市场进行预测；邀请来自不同领域的客户参与活动，提出建议；通过社交关系管理的更新或内容战略的转变，积累和挖掘客户档案数据，分析客户的消费行为和价值方向，更好地为客户服务和发展忠诚客户。

3. 创建转换的态度，找到宾客推荐的氛围

酒店网站与一般零售网站有着本质上的不同，酒店网站提供独特的体验文案、内容服务营销和搜索引擎优化。创建好的转换模式，包含注册、登录、购买、订阅、分享等，一个热情而好客的酒店App应该告知客户更适合他的旅行信息，将他们的酒店和目的地作为一个整体的价值主张。一家酒店的App应该创建引人入胜的内容，除了提供入住酒店的时候客户所需的信息，高质量的内容还可以吸引更强大的用户参与度。较长的App使用时间、每次点击刺激更多的页面访

问，都可以提高用户的留存率，同时加大用户推荐的力度。

互联网发展至今已经成为我们社会的基础设施，移动互联网将原本离线的空间变成了时刻在线的空间。从这个意义上来说，我们面对的已不再是一个割裂的互联网世界，而是一个任何时间、任何空间都可以移动、互联、连接、互动的世界。移动互联这种去中心化、去中介化、交互的特质，势必会成为酒店开启客户关系管理的新篇章。

三、云计算技术与客户关系管理

（一）传统客户关系管理的弊端

传统的客户关系管理过程一般是以销售人员为入口，各个销售人员独立跟踪销售机会，客户信息保存在相对独立的计算机或者酒店内部网络中，而联系客户的方式一般是电话、电子邮件和传真。销售管理过程一般会很复杂，汇报形式多样，审批手续层层依赖。酒店虽然通过传统的客户关系管理系统把客户信息保存、管理起来，实现了客户关系管理的基本职能，但是一直面临很多问题。

一是在各式各样的复杂销售过程中，销售人员很难快速、准确地甄别、跟踪有效的销售机会，往往找不到重点客户，不能从整体上把握客户需求。

二是整个销售过程长，环节多，操作困难，重复性工作带来一些低级错误。

三是信息传递慢，浪费了时间，导致不能及时提交合同，甚至误失商机。

四是客户关系管理系统在酒店办公环境以外很难访问，销售人员不能及时提交客户信息，这样系统中的客户信息会很零散，容易造成客户丢失或者重要的客户被低估的情况。

五是客户信息保存不集中，一旦某个销售人员离职，就会失去重要客户的信息。

六是销售信息闭塞，销售活动相对对立，在和市场、技术支持、客户服务等环节协调的时候容易出现问题并错失商机，从而影响客户的满意度。

而云计算的发展提供了以上问题的解决之道。

（二）基于云计算的客户关系管理

1. 云计算的概念

云计算，可以认为是一种大规模的分布式计算技术，由多个服务器组成的庞大的服务集群，通过网络向用户提供应用服务。云计算集群可以在数秒之内处理数以千万甚至亿计的信息。云计算采用的是多服务器的分布式结构，不但使服务器的计算能力可以灵活扩展，而且在数据备份和数据控制（比如版本控制、协同共享）等方面有很大的优势。一些公共云计算服务可以达到上万个节点，甚至几十万台、上百万台服务器同时向用户提供服务。云计算最大的特点就是所有的业务逻辑定义和信息数据都保存在云端，用户面对的就是最终实际使用的服务。云服务一般是由云服务的提供商提供。

云计算是计算机领域第三次大的技术变革。第一次变革是20世纪80—90年代个人计算机的普及，这次变革将计算机的应用从研究和专业领域带入广大的酒店和个人应用领域，帮助酒店和个人大幅度提高生产效率，因此出现了一批酒店管理软件，大部分的ERP系统软件都是这个时候出现的。第二次变革是随着互联网的普及开始的。这次变革将数以亿万计的信息孤岛汇聚成国际互联网，大幅度扩展了人类知识共享和交流沟通的渠道，客户关系管理系统就是这个时候开始被酒店使用的。云计算在前两次变革的基础上，更进一步解放了社会生产力。通过大规模的集群服务，全世界的计算机用户更好地共享计算机的计算资源、存储资源等，甚至改变信息化的运营模式并减少能源消耗。客户关系管理系统也随之进入了新的时代。

客户关系管理和云计算结合的主要模式是SaaS（Software-as-a-Service，软件即服务）。SaaS模式由云服务提供商提供通用的客户关系管理系统软件。该软件内置了客户关系管理的标准功能，酒店通过服务账户使用这些功能，然后进一步定制自己需要的功能。这样酒店购买的是服务，而不再是一套物理软件了。

2. 基于云计算的客户关系管理系统的特点

（1）高可靠性和安全性。云计算的文件系统为客户信息长久保留提供了保障。所有客户和销售数据都储存在云端，客户关系管理系统软件维护完整、统一的信息，不会因为个人的离职而丢失客户信息。

（2）高可扩展性。云计算的规模可以动态伸缩，客户关系管理系统可以自动无限伸缩。云计算保证了销售信息的完整，没有扩充障碍。云计算凭借其扩展性和信息传递性，可以把客户关系管理和市场、技术支持、客户服务等环节绑定在一起，便于在各个阶段间转化和调节。

（3）按需服务。由于云计算的计算和服务能力是一个巨大的共享池，因此用户可以按照自己的需要选择不同的模块。

（4）简化销售环节，让销售有的放矢。可定制自动化流程，简化销售环节，使其方便且准确。而且，云计算本身提供的强大数据分析和报表能力，可以让销售有的放矢。

（5）客户信息使用的便利性。云计算软件可以通过各种方式进行访问，无论是计算机还是手机、平板、电脑，都可以方便地连接到客户关系管理系统，真正实现了客户信息的随时随地访问。

（6）商业信息丰富。所有商业信息集中存储，集合客户信息、商机信息、订单信息和交易历史记录，即时生成的报表保证了客户信息的及时和有效。

（7）部署周期短。部署周期短，系统可以迅速上线。

3. 酒店使用基于云计算的客户关系管理系统的好处

第一，使用云端服务可以大大节约酒店的成本。只需购买云计算服务商提供的服务，节省了酒店搭建硬件平台、设计系统功能、建立专门团队的费用，而且省去了系统运营维护的麻烦。

第二，云计算提供的服务非常便利，可随时随地访问客户关系管理系统。使用云计算服务商提供的即时聊天、邮件关联、商业社交平台等新功能，可以让客户关系管理更加全面多样、便捷有效。

第三，管理系统定制的方便性。酒店在系统提供的标准功能基础上可以定制自己特有的功能模块，而且新模块可以与原有模块共享数据，保证整个系统的统一性。

第四，云计算提供强大的报表分析功能。无论是销售代表、销售经理还是运营总监，都可以随时访问客户关系管理系统，获取自己关心的报表。

第五，为酒店实施国际化经营提供了便利。因为云计算是通过互联网提供服务，这样的客户关系管理系统往往都支持国际化，解决了多国客户管理交流的障碍，从而为酒店实施国际化经营提供了便利。

总之，基于云计算的客户关系管理系统把酒店从计算机技术困境中解脱出来，专注于客户关系管理的实质任务，有效地提高了客户的基础价值，帮助酒店有效地追踪销售线索，降低客户的流失率，延长客户关系的寿命。同时，基于云计算的客户关系管理系统提供了把客户转化为合作伙伴的管理流程，深度挖掘客户的潜力，进行交叉销售和向上销售，增加每个客户的增长潜力，最大限度地服务高质量的客户，打通供应链下游的销售、市场、技术支持等环节，助力酒店运营，实现酒店利益的最大化。

4. 云计算给酒店带来的风险

云计算在为酒店带来好处的同时，也会给酒店带来风险。云计算作为新的技术，颠覆了原来酒店数据存储和管理模式，把一切都抛给了云上。酒店必须在享受先进技术给酒店带来收益的同时，正确认识并谨慎回避云计算带来的风险。

云计算可能给酒店带来哪些风险？当然是数据安全和个人隐私方面的风险。不同国家在保护个人隐私方面的法律法规不尽相同。当前，对用户数据的保护对于云计算服务商是一个比较大的挑战，酒店在选择云计算服务提供商的时候，要选择那些国际知名的可信赖的公司，了解其客户的数量和规模，然后根据酒店的投资量和要求选择适合自己的服务。酒店要衡量使用云端的客户关系管理系统的收益和风险，选择适合自身发展的方式。

第五章　酒店管理与绿色发展新理念

第一节　绿色酒店

一、绿色酒店概述

（一）绿色酒店的含义

所谓“绿色”，并非指颜色，而是指人类生存的环境必须受到良好和有效的保护，是指达到生态环境保护标准、无污染的标志。绿色酒店是指将环境管理融入酒店经营管理中，以保护为出发点，调整酒店的发展战略、经营理念、管理模式、服务方式，坚持清洁生产、倡导绿色消费、保护生态环境的新型酒店，其核心思想是在经营过程中加强对环境的永续保护和资源的合理利用，倡导和谐发展。

（二）绿色酒店的实质和原则

绿色酒店的实质是酒店为宾客提供符合环保要求的、高质量的产品；在经营过程中，节约能源、资源，减少排放，以预防环境污染为目标，不断提高服务品质，使酒店的经济效益和社会效益同时得到提高。具体而言，其实质包括以下内容。

1.“废弃物”的减量化原则

在不影响产品及服务质量的前提下，尽量用较少的原料和能源投入，通过产品体积小型化、重量轻型化、包装简朴化的途径，做到既降低成本又减少垃圾的产生；通过节能、降排、减少一次性用品的使用和减少各种部件的清洗等措施达到降低成本、减少垃圾等目的，从而实现既定的经济效益和环境效益目标。

2. 物品的再使用原则

酒店应贯彻物尽其用的原则，物品要尽可能地反复使用，把一次性使用物品换为多次反复使用或调剂使用的物品；延长物品的使用期限，推迟重置时间，凡是能修理的就不要换新的。酒店可将有些用品及其包装当作一种日常生活器具来设计，而不是用完之后一扔了之。

3. 再循环原则

再循环原则就是在物品完成其使用功能之后将其回收，把它重新变成可以利用的资源——再生物质。酒店应设专人负责物品回收工作，不但要求员工回收物品，而且鼓励客户参与。酒店应设立专门的回收容器，放置要得当，上面应标有醒目的回收物品标记和字样，力求做到分类收集，一箱收一物。这样做，便于人们将纸、塑料、玻璃等物品进行分类投放，也便于做好废物回收处理无害化与资源化。物品在使用后不随意乱丢弃，将可回收的物品交由专业公司处理，使其成为可利用的再生资源，这样不会对社会环境造成污染。

4. 尽量采用替代品原则

为节约资源、减少污染，酒店用无污染的物品或再生物品替代某些物品。例如，用可降解的塑料袋替代传统的塑料袋，用节能电器代替传统电器等。

（三）创建绿色酒店的要求

1. 对生产者的要求

（1）进行绿色酒店的设计。绿色设计是指在设计阶段就将环境因素和预防污染的措施纳入产品设计之中，将环境性能作为产品的设计目标和出发点，力求做到产品对环境的影响最小。酒店在建筑设计、室内设计和设施配置等方面应充分考虑能源节约和生态环境保护，采用先进的技术和材料，使酒店符合绿色酒店的相应标准。

（2）进行清洁生产。清洁生产是指不断采取改进设计、使用清洁的能源和原料、采用先进的工艺技术与设备、改善管理、综合利用等措施，从源头减少污染，提高资源利用效率，减少或者避免生产、服务和产品使用过程中污染物的产生和排放，以减轻或消除对人类健康和环境的危害。

（3）提供绿色客房。提供绿色客房是指无建筑装修、噪声污染，室内环境符合人体健康要求的客房；客房内所有物品、用具都符合环保要求。

（4）提供绿色食品。提供绿色食品是指按照特定的生产方式，经专门机构评定，许可使用绿色食品标志商标的无污染的安全优质、营养类食品。

（5）提供绿色服务。提供绿色服务是指在服务过程中使用环保型的设施、设备、用具，并倡导绿色消费的服务。

（6）使用绿色电器。使用绿色电器是以节电、保护环境为原则而设计的科学、有益健康的照明器具。

（7）创建绿色文化，培养绿色员工，增强其绿色意识。

2. 引导客户的要求

引导客户的要求主要是倡导绿色消费。酒店要引导顾客在购买产品和消费时，关注商品在生产、使用和废弃后对环境的影响问题，并在消费过程中时刻注意环境保护的问题。

二、循环经济视角下绿色酒店管理

随着国家经济实力的不断提高，国内资源环境受到各方面的压力，为有效地改善此状况，有关专家和学者对此展开了深刻的反思和研究。贯彻践行循环经济理念，是企业得以持续发展的方式之一，特别是在酒店企业管理当中，能够帮助酒店真正落实绿色管理理念与方法。在国内酒店企业当中渗透循环经济理念，不但可高效地降低企业运营成本，而且可为酒店企业带来更高的经济收益，进而推动酒店的可持续发展。

（一）循环经济和绿色酒店管理内涵

1. 循环经济内涵

循环经济又称资源循环型经济，是以资源循环利用与节约为特质、以环境协调为导向的经济发展形式，其特点是低开采、高利用以及低排放。一切能源与物质均可在这一持续进行的经济循环当中获得持久与合理的应用，将经济活动对于自然环境产生的影响降到最低。

2. 基于循环经济的绿色酒店管理问题

（1）酒店绿色管理意识淡薄。多数酒店以模仿国际部分绿色管理实施成功的酒店企业为主，对于绿色管理模式的应用并不充分。更有甚者，认为绿色酒店管理只是单纯地在有关操作流程以及品牌宣传当中添加绿色标识，这种认知不但会导致酒店整体管理发生过于混乱的现象，而且会对酒店的长足发展造成负面影响。除此之外，多数酒店企业在践行绿色酒店管理体系时，对于绿色管理观念真正的内涵缺乏认知，在管理实践中，绿色管理过于形式化，并未充分解决酒店企业绿色管理当中存在的本质问题。在展开绿色管理工作时，也难以把握准确的实施对策，导致酒店内部绿色管理体系难以顺利运行。

（2）酒店绿色技术水平较低。一方面，由于欠缺对绿色管理手段合理执行的策略，多数酒店过度强调形式化的绿色管理，导致实质上的落实质效不足。此外，由于循环经济理念渗透不足，部分酒店企业内部资源与能源消耗过多，环境污染情况严重，因而损失过多的经济效益。另一方面，由于酒店自身绿色技术水平偏低，在维修、维护酒店内部基础设备及设施过程中，因技术水平限制、节能环保材料的应用不足，导致酒店绿色管理难以落实。除此之外，相对于国际上的酒店企业来说，国内多数酒店绿色技术尚未达到适宜的标准，如果直接利用世界先进设备与技术，会带来较高的运营成本，这对于部分发展并不顺利的企业而言压力较大。

（二）基于循环经济的绿色酒店管理策略

1. 深化绿色酒店管理观念

观念对于人的具体行为有着一定的引导作用，所以在循环经济背景下，对于绿色酒店，应突破和创新管理观念，深度了解循环经济观念对酒店发展的重要价值，并在企业内部持续深化绿色酒店管理观念。此观念不但充分考量酒店经济效益，而且较为注重企业环境效益，强调经济效益、环境效益以及社会效益三个维度的协调发展进步。为落实该目标，酒店管理人员应明确绿色管理观念，对绿色酒店展开科学、有效的管理，促使酒店满足时代发展需求。此外，还应将此观念融入酒店管理的各个环节，推动酒店企业逐渐向环保与绿色的方向发展。

2. 建设绿色文化

众所周知，酒店文化作为酒店企业的重要构成，不仅对企业员工有着重要影响，在一定程度上也引领着酒店企业发展方向。在循环经济观念逐渐深入人心的当下，为推动酒店企业朝着绿色、环保方向发展，应建设酒店企业绿色文化，在创设优质环境的同时，强化酒店员工绿色环保意识，激发酒店员工积极参加资源节约以及环境改善的实践活动，大幅度提高绿色酒店管理质量和效率。同时，在酒店经营发展当中，培养员工的绿色意识极为重要，借助绿色文化建设，能够使其逐步认识到开展绿色管理的现实意义。

3. 引导绿色消费

在绿色酒店管理当中，绿色消费作为关键所在，其对于管理工作整体成效有着重要影响，绿色消费也是展开绿色管理工作的内在驱动力。在当前实践管理中，部分酒店偏重经济效益，忽略绿色消费引导。近几年，仍有多数酒店尚未认识到绿色消费对于自身经济效益的积极影响。所以，酒店管理者应更新理念，在依托绿色消费的主流时，创造酒店转型动力。比如，在科技持续发展的当下，酒店可借助新媒体平台大力传播绿色消费的积极价值，并开展有关活动，激发新老顾客的积极性，促使其在互动当中明确绿色消费的价值和意义，进一步增强绿色消费的认知。如此，不仅能为酒店开展绿色管理提供有利条件，同时还能培育酒店稳定的绿色消费群众，提高酒店影响力和知名度，增加消费者群体黏性，从而推动酒店的可持续发展。

4. 健全环境保护法规

循环经济视域下，绿色酒店展开高效管理与法律支撑密切相关，所以必须按照目前绿色酒店管理现状，落实好环境保护法有关条例。特别是在清洁生产实施中，应拟定健全的行业指标，并利用有关法律加以约束，这不仅能够使酒店规范自身运营行为，还可把酒店清洁生产引入法治体系中，切实发展循环经济。比如，在酒店经营及发展过程当中，酒店内部一切活动均应切合国家标准，同时健全系统化与文件化的环境管理系统，针对酒店内部环境实施严格的监督及管理，有效控制酒店排污量。同时，发展循环经济与管理绿色酒店，需要切实发挥国家政府部门的职能，进而为绿色酒店管理打造优质的外部环境。比如，政府可加大绿色农业领域的投入力度，使其生产更多安全与绿色的产品，从而使酒店行业的餐饮体现出绿色特征。另外，在酒店清洁生产当中，为使其更加规范，还应拟定并颁布有关政策，对清洁生产良好的酒店加以奖励与表扬，鼓励其继续坚持，为其他酒店企业树立榜样；针对清洁生产未达到国家标准的酒店，应给予适当的惩罚和批评，督促其提高对于绿色经济发展以及循环经济的重视程度。

综上所述，服务与管理作为酒店的核心内容，其质量不但与客户忠诚度与满意度呈正相关，而且对酒店发展进步有着重要影响。循环经济观念下，社会各方对酒店服务与管理提出新要求。为提升服务、管理质量与水平，应对酒店各项工作流程展开管理。在为顾客提供相应服务时，既要满足其基本诉求，还应倡导节约，落实绿色服务。为落实酒店环保与绿色的发展理念，不仅应深化酒店绿色管理观念，还应建设绿色酒店文化，引导顾客绿色消费，健全环境保护法相关条例，从而切实推动绿色酒店健康、可持续发展。

第二节　推进绿色发展创建绿色企业

一、绿色企业概述

绿色企业涉及的领域包括三个部分：一是制造领域，包括产品生命周期的全过程；二是环境领域；三是资源领域。绿色企业就是这三大领域内容的交叉和集成。

绿色企业是一种环境效益好、自然资源利用率高的现代化企业模式，是综合经济效益、环境效益和社会效益的最优企业发展模式。它把环境保护的理念融合到整个生产经营过程中，在产品生产的各个环节，绿色企业都把环境因素和节约资源放在首要位置，大大减少了对生态环境的破坏。绿色企业不仅对社会公众的消费需求给予了充分满足，在此基础上还节约了资源，减少了对环境的破坏，通过追求零污染、减少毒害和资源浪费的最小化，实现了自身经济利益和环境效益的共同可持续发展。

绿色企业的发展与生态环境紧密相关，它能充分、合理地利用自然资源，其生产的产品或提供的服务对人体健康和生态环境的副作用很小乃至无害，其产生的废弃物能够多层次综合利用，追求较高的资源利用率。它是一种企业能够实现可持续发展的模式，是追求社会效益、经济效益和环境效益共赢的理想的企业发展模式。

二、绿色企业的基本内容

绿色企业与传统企业不同，在其生产经营中，绿色理念是指导思想，绿色技术是关键，绿色产品是核心，绿色工厂是主体，绿色运营是保障。

（一）贯彻绿色理念

绿色理念即企业在生产的同时注重环境保护、追求可持续发展的理念。绿色理念要求企业加强对员工环保意识的培养和教育，增强企业员工和社会公众的环保意识。企业还应积极参与社会环保公益事业，利用企业自身的影响力号召社会公众转变消费观念，积极参与环境保护，使企业的生产和社会公众的消费都建立在人类环境可持续发展的基础之上。

（二）推行绿色技术

绿色技术是促进企业实现可持续发展的必要条件。随着科技的发展，绿色技术的概念也在不断变化。绿色技术是可持续技术，是创建绿色企业并实现企业经济可持续发展的重要因素。

推行绿色技术，首先是推进清洁生产技术改造。针对二氧化硫、氮氧化物、化学需氧量、氨氮、烟（粉）尘、VOC、五类重金属等主要污染物，积极引导重点行业企业实施清洁生产技术改造，逐步建立基于技术进步的清洁生产高效推行模式。在京津冀、长三角、珠三角、东北地区等重点区域组织实施钢铁、建材、化工等重点行业清洁生产水平提升工程，降低二氧化硫、氮氧化物、烟（粉）尘、VOC的排放强度。在长江、黄河等七大流域组织实施重点行业清洁生产水平提升工程，降低造纸、化工、印染、化学原料、电镀等行业废水排放总量及化学需氧量、氨氮、五类重金属等污染物的排放强度。推进工业领域土壤污染源头防治，推广先进、适用的土壤修复技术装备和产品。

其次是推广绿色基础制造工艺。推广清洁高效制造工艺，以铸造、热处理、焊接、涂镀等领域为重点，推广应用合金钢无氧化清洁热处理、真空低压渗碳热处理、感应热处理等高效节能热处理工艺，无铅波峰焊接抗氧化、氮气保护无铅再流焊接、高效节材摩擦焊等焊接工艺，绿色化除油、无铅电镀、三价铬电镀、电镀铬替代等清洁涂镀技术，减少制造过程中的能源消耗和污染物排放。推进短流程、无废弃物制造，重点发展近净成形、数字化无模铸造、增材制造、新型防腐蚀等短流程绿色节材工艺技术以及干式切削加工、低温微量润滑切削加工、铸件余热时效热处理等无废弃物制造技术，减少生产过程的资源消耗。

（三）开发绿色产品

绿色产品是指符合环保法律法规规定、对环境的污染较少、便于回收再利用的产品。绿色产品的整个生产过程都把环境保护放在第一位，注重节约资源与资源的循环化利用。

开发绿色产品应按照产品全生命周期绿色管理理念，遵循能源资源消耗最低化、生态环境影响最小化、可再生率最大化的原则，大力开展绿色设计示范试点，以点带面，加快开发具有无害化、节能、环保、低耗、高可靠性、长寿命和易回收等特性的绿色产品。积极推进绿色产品第三方评价和认证，发布工业绿色产品目录，引导绿色生产、促进绿色消费。建立各方协作机制，开展典型产品评价试点，建立有效的监管机制。

（四）创建绿色工厂

创建绿色工厂，要求企业按照厂房集约化、原料无害化、生产洁净化、废物资源化、能源低碳化的原则分类。引导企业按照绿色工厂建设标准建设、改造和管理厂区，集约利用厂区。鼓励企业使用清洁原料，对各种物料严格分选、合规堆放，避免污染。优先选用先进的清洁生产技术和高效末端治理装备，推动水、气、固体污染物的资源化和无害化利用，降低厂界环境噪声、振动以及污染物排放，营造良好的职业卫生环境。采用热电联供、热电冷联供等技术提高工厂一次性能源利用率，设置余热回收系统，有效利用工艺过程和设备产生的余（废）热。提高工厂清洁和可再生能源的使用比例，建设厂区光伏电站、储能系统、智能微电网和能管中心。

（五）鼓励绿色运营

绿色运营是指在企业经营管理的各个层面都融入环境保护的观念，将绿色、环保的理念贯穿于企业运营的各个层次、领域和过程，即企业在追求自身经济增长的同时，应将环保责任纳入经营方针和考核体系中，设立相应的环保部门，进行相应的环保绩效考核，监督员工的环保行为等。通过种种具体的环保管理行为，实现可持续发展。

鼓励企业绿色运营，旨在支持企业实施绿色战略、绿色标准、绿色管理和绿色生产，开展绿色企业文化建设，提升品牌绿色竞争力。引导企业建立集资源、能源、环境、安全、职业卫生于一体的绿色管理体系，将绿色管理贯穿于企业研发、设计、采购、生产、营销、服务等全过程，实现生产经营管理全过程绿色化。培育一批具有自主品牌、核心技术能力强的绿色龙头骨干企业，发挥大型企业集团示范带动作用，在绿色发展上先行先试，引导企业建立信息公开制度，定期发布社会责任报告和可持续发展报告。

三、创建绿色企业的意义

绿色企业是伴随消费者绿色消费意识的觉醒而对企业提出的要求。

（一）绿色企业理念改变了人们的价值观念

绿色企业正在从各个方面迅速影响着经济、市场以及企业生存发展的环境，企业的环境行为日益成为社会各界关注的焦点。

实施绿色企业，将调整企业与自然关系的主动权直接交给了企业，企业由被动变为主动。通过改进管理方式和转变生产经营方式，最大限度地节约或替代资源，降低直至消除废物排放，从末端治理转变为全过程控制。随着绿色企业的实施与完善，企业自身资源消耗和废弃物排放逐步降低，影响和带动消费者与广大公众推行绿色消费方式，最终实现企业与自然、社会的和谐发展。

（二）绿色企业理念促使企业加速转变发展理念

随着经济全球化推进，企业要想在国际竞争中赢得一席之地，就必须参照越来越严格的世界各国环保标准，规范自己的生产和产品，达不到规定的环境标准是无法参与国际竞争的。从企业自身来看，推行绿色企业模式可以实现节能、降耗、减排及增加废物再利用的机会，让企业经营成本大幅度降低，同时拥有较高附加值的绿色产品，令企业获得可观的利润。因此，实行绿色企业模式，可以实现经济效益和社会效益的双赢。

企业实施绿色发展战略是一项复杂的系统工程，不仅涉及产品的研究开发、设计、生产制造、销售、使用、报废处理到再生利用的整个产品生命周期，还包括经营战略制定、市场研究、原材料、零部件供应以及质量管理等各方面的工作。所有这些都必须建立在企业的组织机构完整、人力资源管理完善、企业管理制度和企业文化创新的基础之上。企业应该认识到在推进绿色发展战略的过程中，企业不应付出或被动地控制污染，为保护环境尽义务，应主动地选择清洁生产、环境无害化技术和工艺，最终达到降低成本、提高效益、提高企业员工素质和管理水平，增强企业竞争力的目的。可见，环保产品、环保技术、环保领域的竞争将成为企业竞争的重要领域。

第三节　绿色企业的多面性

一、绿色设计

（一）绿色设计的概念和内涵

1. 绿色设计的概念

自1992年联合国在巴西召开世界环境与发展大会以来，在各国政府、工业界和环境组织的共同努力下，人们的环保意识得到增强，逐渐改变了消费观念。这迫使工业界面对绿色需求的压力，不得不重新设计现有产品生产过程和产品消费后的环境效应，产品绿色设计应运而生。

绿色设计也称为生态设计，是指在产品设计时着重考虑产品在整个生命周期内各个环节的环境属性，并将其作为设计目标。在满足环境目标的前提下，保证产品的功能、寿命、质量等方面均符合要求。

2. 绿色设计的内涵

在传统的产品设计中，主要考虑的因子有市场消费需求、产品质量、成本、制造技术的可行性等，未能将生态环境作为产品开发设计的一个重要指标。绿色设计在传统设计的基础上，把环境友好同时纳入产品的设计与制造中，这是绿色设计的关键。绿色设计的最终目标是使产品在原有功能的基础上，具有良好的环境功能。

产品绿色设计是在产品开发阶段综合考虑与产品相关的生态环境问题，设计对环境友好同时又能满足人类需求的一种新的产品设计方法，其理论基础是产业生态学中的工业代谢理论与生命周期评价。它将工业生产过程看作一个自然生态系统，对系统的输入能源、原材料同产出产品、废物进行综合衡量。在衡量过程中，需要进行整个生命周期的分析，即从最初原材料的采掘到最终产品使用后的处理。产品绿色设计需要设计人员、生态学家、环境学家共同参与，通力合作。

绿色设计的主旨是减量化（Reduce）、再利用（Recycle）、再循环（Reuse）、可降解（Degradable），简称为3R1D。主要体现在以下几个方面：①低消耗，指适度并合理使用原材料；②再利用，使用后的产品经过处理能被再次利用；③可回收，指把产品废弃物再利用之后进行回收处理；④可循环，指产品在回收处理后再次应用于其他不同的领域，在循环中避免污染；⑤可降解，指无法被回收循环使用的产品，应该可以自然降解、腐化，不会形成永久污染。

（二）绿色设计的重点

1. 绿色材料选择

传统设计对材料的加工过程及其环境影响考虑较少，所选材料有的难以加工，有的能耗高，有的产品废弃之后无法进行处理、处置。因此在设计初期，应当综合考虑产品的性能和功能，选择对生态环境无副作用的环境友好型绿色材料。

绿色材料是指在从原料获取、生产、加工、使用、再生和废弃等生命周期全过程中，具有较低环境负荷、较高可循环再生率和良好使用性能的材料。绿色材料的范围较广，不限定在某一特殊的材料种类中。绿色材料是由材料制备工作者在环境意识指导下，或开发新型材料，或改进、改造传统材料而获得的。

绿色环保材料的选择需要遵循以下原则。

（1）技术原则——根据产品的功能、性能以及工作环境等方面的要求进行选择。

（2）材料的环保协调性原则——材料在其生命周期内最大限度地节约能源和资源，尽可能地提高材料利用率，减少浪费；尽量选择可再生材料，保护环境。

（3）材料生命周期能量利用率最高原则——输出与输入能量比值最小，在材料生命周期全过程中产出的环境污染最小，对人体健康损害最小。

2. 绿色生产过程

绿色生产的主要原则是强调采用减少对环境产生有害影响的制造过程，包括减少有害废物的排放量，降低能耗，提高材料利用率，增加操作安全性等。在设计时，应当尽量避免制造过程中对环境的不友好行为。绿色生产是在不牺牲质量、成本、可靠性、功能或能量利用率的前提下，努力减少工业活动对生态环境造成的影响。

绿色生产过程的设计应当注意以下几个原则。

（1）减排原则——尽量使用清洁能源，减少二氧化碳和其他大气污染物的排放；以源头管理和过程控制为主要手段，减少末端污染物的排放。

（2）循环利用原则——尽量使用再生原材料和绿色材料，减少对原生材料的消耗，实现物资的循环利用。

（3）工艺先进性——使用国内甚至国际先进的生产工艺和生产装备，淘汰落后的生产技术。

3. 产品可拆卸性

产品可拆卸性设计是绿色设计中的主要内容。它要求在产品设计的初期将可拆卸性作为结构设计的一个目标，使产品的连接结构易于拆卸，制造工艺性能好，维护方便。当产品被废弃后，应对可重复利用部分进行有效再利用，达到节约资源和能源、保护环境的目的。

可拆卸性设计采用产品生命周期设计法，考虑了从产品概念设计到详细设计阶段的全部循环阶段，可拆卸性存在于整个设计阶段之中，是提高产品生命周期的关键之一。在产品建模时，不仅要考虑加工和装配结构工艺性，还要考虑拆卸结构工艺性，把拆卸作为计算机辅助工艺设计的一项重要内容。

4. 绿色回收利用

绿色回收利用设计是在产品设计时，充分考虑产品零部件及材料回收的可能性、回收的价值、回收的途径、回收的处理方法和结构工艺性等与回收有关的一系列问题，以达到零部件及材料资源和能源的充分、有效利用，并在回收过程中将环境污染最小化作为一种设计思想和方法。回收设计不仅可使材料资源得到最大限度的利用，还可减少环境污染、保护生态环境。

绿色回收的设计原则：延长产品的使用寿命，减少对材料的使用，减少产品更新换代的速度，达到节约资源的目的。可再利用零部件材料要易于识别分类。尽量使用容易分离的不同材料组合，便于以后的回收工作；在保证现有产品结构性能不变的条件下，应减少产品中所用材料的种类，同时确保材料在当时条件下易于回收处理。在不影响产品功能及加工工艺的情况下，尽可能合并零件；若合并零件有困难，也可考虑将零部件分解，将拆卸复杂、难于回收的零部件分解成几个简单零件。尽量采用可以直接拆卸并且可以重新使用的零部件，充分利用资源，节约生产费用，降低生产成本。对再利用时可能性能退化的材料或有毒、有害材料进行标记，为回收时材料的识别及分类提供便利。

（三）酒店绿色设计

节能环保已经成为我国建设发展的主要潮流，为顺应时代发展的要求，我们要积极应用绿色设计理念，为消费者提供一个健康舒适的居住环境。在酒店建筑中，除了满足度假酒店建筑的基本功能之外，还要从多个角度综合考虑酒店建筑的低碳、环保等问题，运用绿色设计理念，推动绿色发展。

在绿色设计理念下，度假酒店的选址是非常重要的，在进行度假酒店选址时，通常会选择依山傍水、与世隔绝的环境，单从周边的生态环境就能得到消费者的倾心，而且还能与附近旅游景区开展合作。这样不仅提高了酒店的价值，也能将绿色设计理念运用在酒店设计中。

度假酒店依据绿色设计理念进行选址时，需要遵循以下三个原则。

（1）不破坏当地的生态环境基础，保证其生态环境的完整性。

（2）在设计时要重点保护其水源系统，避免出现水土流失等现象，造成生态环境的破坏。

（3）要扩大绿化面积，防止热岛效应的加剧，避免度假酒店高温现象的出现。

当然，有的度假酒店会选在商务区，不仅为居住环境增添了一份人间烟火气，而且会结合实际情况对室外进行重塑打造。通过在建筑基础上添加一部分绿色景观，将闹中取静的绿色设计理念展现得淋漓尽致，为游客带来了良好的居住体验；还有部分度假酒店在设计时，会选用层层退台的设计方式，为前来游玩、居住的游客打造屋顶花园，并且可以与周边的绿色生态环境很好地融合，最终形成一个良好的绿色生态环境圈。

为了给居住者提供合适的室内温度，大多数度假酒店会在客房中安装空调，这种方法虽然解决了温度的适配问题，但是对周围的生态环境也会造成一定的破坏。因此，设计师在进行度假酒店设计过程中，尽可能地将客房设置在朝南方向，以有效地改善室内的温度，减少入住游客对空调的依赖性；尽可能减少玻璃在室内的出现，这样就会从一定程度上减少温室效应，降低空调的使用频率，节省部分能耗。

除此之外，在进行度假酒店的室内空间设计时，还需要注重比例的划分，在确保室内空间使用功能的基础之上，可以结合消费者的需求及实际建筑情况，对窗户面积以及房屋空间面积进行合理的比例调配。另外，酒店在选择围护结构材料时，也尽可能地选择一些比较节能环保的绿色材料，从而有效地改善室内的温度，达到节约能源的作用。

基于绿色设计理念的室内照明设计还可以将周围的生态资源进行合理利用，从而减少资源的损耗，通过自然光与人工照明相结合的方式设计出日光照明。对于酒店的一些公共区域灯光，可以采用分时段控制的方法，在白天的时候，通过光线的平衡，使亮度达到最合适，随着时间的推移，可以将亮度慢慢地降低。午夜之后，可以仅保持一些必要功能区的照明，既能节省能源、保护生态环境，又能降低度假酒店的运营成本，可谓一举两得。

越来越多的度假酒店在设计过程中开始重视空间的声学设计。一般情况下，度假酒店在进行隔音设计时，往往会从撞击声隔声和空气声隔声两个方面进行综合的考量设计。因此，需要在各个楼板中增添隔音材料，从而起到隔音减震的作用，降低噪声对居住者的干扰。除此之外，房门的隔音也是度假酒店设计中的重中之重，需要在结构设计以及配件选择上发挥出其阻尼特性，减少噪声的污染，保障居住者空间的私密性。

各大度假酒店的环保意识都比较强，在环保材料的选择上，往往会遵循以下原则：①保证建筑材料的防火、防潮；②保证建筑材料的无毒、无害。

绿色是环保的代言词，代表着生机盎然、活力四射。对于人们来说，绿色也是健康的象征。随着度假酒店设计理念的改变，镶金贴银已经不再是度假酒店的标配，越来越多的高端度假酒店应用绿色设计理念，将人与自然和谐共生的理念融入建筑设计以及室内设计中，努力为前来游玩的旅客创设一个健康、温馨、绿色的度假空间。

二、绿色会计

（一）绿色会计的概念和内涵

1. 绿色会计的概念

绿色会计理论与制度建构涉及的可持续发展问题关系到人类的生存和发展。绿色会计的目的是找到经济效益、社会效益和生态效益的最佳结合点。工业革命以后，现代工业为人类社会提供丰富的物质产品的同时，也造成了日趋严重的环境污染。人类社会发展所依赖的物质资源和生态环境呈现出日渐衰竭的趋势，为解决这一矛盾，自20世纪70年代开始，部分经济学家、环境学家、社会学家和生态学家着手研究经济和环境的协调发展问题。

绿色会计是将自然资源和人力资源纳入企业的会计核算对象，根据会计要求对企业使用的环境资源进行适当的货币计量和重要性判断，并采用适当的会计方法记录企业经济活动与环境的关系，促使企业在提高经济效益的同时，努力提高环境效益和社会效益。

2. 绿色会计的内涵

绿色会计，又称环境会计，是将会计学与自然环境相结合，采用多元化的计量手段和属性，以有关环境法律法规为依据，研究经济发展与环境资源之间的关系；运用专门的方法，将企业对社会资源、环境造成的收益和损失进行确认、计量、揭示和分析，以便为决策者提供相应的环境信息的会计理论和方法。绿色会计的基本理论是在修正和拓展传统会计理论的基础上产生和发展的。

长期以来，传统会计理论只从人类经济活动的角度反映和监督企业资本及其运动，按权责发生制、历史成本和复式记账三大会计基本支柱对发生的经济事项进行会计确认、计量、记录和报告，无法解答由环境所引发的经济问题。绿色会计则以人类的全部活动过程和整个生态环境资源为出发点，围绕自然资源消耗补偿问题，对环境管理中各个层次的职责履行情况做出确认、计量和报告，从根本上改变传统会计理论对会计要素的界定。

（二）绿色会计理论构建

1. 绿色会计目标

绿色会计的目标可分为两个层次：一是基本目标。用会计计量、反映和控制社会环境资源，改善社会环境与资源问题，实现经济效益、生态效益和社会效益的同步计量和最优化。基于环境宏观管理的要求，企业在进行生产经营和取得经济效益的同时，必须高度重视生态环境和物质循环规律，合理开发和利用自然资源，提高环境效益和社会效益。二是具体目标。企业进行相应的会计核算时，对自然资源的价值、自然资源的消耗、环境保护的支出、改善资源环境带来的收益等进行确认和计量，为政府环保部门、行业主管部门、投资者以及社会公众提供企业环境目标、环境政策及规划等有关会计资料。为相关客体提供环境会计信息的目标是控制与协调经济效益与环境资源的关键，有利于实现环境效益、社会效益和经济效益的同步优化，实现经济发展、社会进步和环境保护的和谐统一。

2. 绿色会计基本假设

绿色会计基本假设除传统的会计主体、持续经营和会计分期外，还增加了可持续发展假设和环境价值假设，并将传统的货币计量假设变为多重计量假设。

可持续发展假设。绿色会计核算的会计主体在自然资源不枯竭、生态资源不降级的基础上，保证社会经济可持续发展。可持续发展中蕴含大量生态环境的内容，要求经济与环境必须协调发展。尽管绿色会计中会计主体的经济活动存在许多不确定性，但核算和监督的程序和方法都立足于可持续发展。可持续发展是绿色会计建立的基本前提，是构造绿色会计理论和方法体系的根本条件。

环境价值假设。按照马克思的劳动价值理论，只有用于交换的劳动产品才具有价值。环境资源只有使用价值，没有交换形成的价值和价格，因此不属于传统会计核算范围。要进行绿色会计核算，就必须承认环境资源是有价值的，它虽然不适用于劳动价值理论，却适用于边际价值理论。

多重计量假设。由于环境因素的复杂性和绿色效益的模糊性，若仅以货币为计量单位，不能客观地反映会计主体的环境状况和绿色效益，因此绿色会计在计量上是多重的。多重计量假设以货币计量为主，辅之以实物、百分数或指数等，有时候甚至可以用图表和文字附注加以说明，采用定量与定性相结合、精确性与模糊性相兼容的计量方法。

3. 绿色会计基本原则

绿色会计核算原则除客观性、及时性、明晰性等一般会计原则外，还应包括如下原则。

（1）合法性原则。合法性原则是指绿色会计在核算中要符合、体现国家的方针、政策，遵守国家相关的法律和法规，正确处理企业利润和环境资源保护、企业效益和社会效益的关系。

（2）社会性原则。社会性原则是指绿色会计要求企业必须站在社会的角度、站在对环境资源负责的角度考虑企业的利益。社会对企业的评价必须舍弃当前单纯以企业的经营利润为标准的观念，代之以企业所创造的绿色利润为标准的观念。同时，企业提供的会计信息，必须有利于国家的管理和宏观调控。

（3）兼顾经济效益和环境效益原则。绿色会计核算时不仅要考虑企业自身的经济效益，还需兼顾生态效益和社会环境效益，要综合反映和控制企业的经济效益、资源环境、废弃物及生态环境。会计主体置于生态环境之中，社会生产消费和生态循环均体现在会计模式中，综合计量和揭示企业生产活动给社会生态环境带来的影响，以此来规范企业行为，实现经济的可持续发展。

（4）强制披露与自愿披露相结合原则。在绿色会计核算体系中，政府相关部门或组织应对企业最大限度的环境资源信息披露作出明确的、强制性的规定，同时鼓励企业自觉向社会公众和政府相关部门或组织提供尽可能多的环境资源信息。

三、绿色管理

（一）绿色管理的概念和内涵

绿色管理是一种新型的管理模式，是对传统管理模式的一种挑战。绿色管理涉及环境学、经济学、管理学等多门学科，从不同角度出发，绿色管理具有不同的内涵。从环境学的角度来看，绿色管理主要是指企业应加强对绿色技术的研发和应用，尽可能提高能源的利用效率，减少污染物的排放，使企业的生产经营活动对环境的影响达到最小。从资源学的角度来看，绿色管理主要是指企业应实现对资源的合理开采、高效利用，并减少对不可再生资源的利用，加强对可再生能源和新能源的开发和利用。从生态学的角度来看，绿色管理主要是指企业的生产和经营活动应该遵守能量和物质的流通规律，不能因为企业的运营而使生态环境平衡遭到破坏。从经济学的角度来看，绿色管理主要是指作为现代企业，应摒弃传统的经济效益至上的错误观念，实现企业发展过程中经济效益、社会效益和环境效益的统一。从管理学的角度来看，绿色管理主要是指企业将环境保护和可持续发展的观念融入企业的管理理念中，实现对企业人、财、物等各种资源的合理调配，以实现企业可持续发展的目标。

绿色管理是一个微观和宏观相结合的概念。从宏观层面来讲，绿色管理就是追求人类与自然环境的和谐统一；从微观层面来讲，绿色管理是通过采用绿色的管理方式，在实现企业经济效益的基础上实现社会效益和环境效益。以企业为主体的绿色管理其实是微观的绿色管理，指企业以可持续发展理念为指导，以消除和减少组织的行为对生态环境的影响为前提，以满足用户或顾客的需要为中心，以协调公共关系为保障，以实现资源的合理优化和充分利用为目标，在绿色市场需求、环保舆论的压力以及政府的环境规制下，主动将环境保护和可持续发展的观念融入企业的生产、经营与管理的过程中，对企业产品的设计、开发、生产以及流通等环节进行优化，实现经济效益、社会效益、生态效益的共赢和生态和谐、人态和谐、心态和谐的平衡，最终推动企业整体的绿色化进程和可持续发展。

在我国，为保护自然环境、促进社会的可持续发展，一方面，政府针对绿色管理作出了许多积极而务实的努力，如为开发绿色产品的企业提供资金补贴和相关政策的扶持；另一方面，企业开始尝试将绿色管理作为战略工具来获得竞争优势，通过贯彻与执行绿色管理，在管理层树立生态意识，坚持环保方针，创立无污染，着重于废物减量的生产系统，对产品开发、设计、生产、流通和促销等过程实现全面绿色化，使企业的全部生产经营活动朝低耗、低污染、高附加值的方向发展，使企业的经济行为同自然环境、社会环境的发展协调起来，促进经济的可持续、广泛增长。

（二）绿色管理的特点

1. 绿色管理的实践特点

企业绿色管理具有三个基本特点，即全过程性、全员性、全面性。

（1）全过程的绿色管理。绿色管理从产品的材料选购、结构功能设计到生产制造、售后服务、废弃物品的回收处置的每个环节都应考虑企业生产经营活动对环境的影响，即在产品的整个生命周期内实施绿色管理，开发清洁产品和清洁生产技术、提升企业的绿色生产力、开展绿色营销，以及促使消费者增加绿色消费。

（2）全员参与的绿色管理。企业绿色管理不仅要求生产一线的职工参与绿色管理的实施，而且企业的管理人员应增强自身环保意识，与全体员工充分沟通，将绿色管理的理念纳入企业经营文化中，积极参与绿色管理的实施。因此，绿色管理是从企业高层领导到中层管理人员再到生产一线普通工人都参与的活动。

（3）全面的绿色管理。绿色管理作为一种全新的管理方法，其范围不仅包括企业的生产制造过程，而且包括组织、计划、理财等服务过程，涉及企业的方方面面及管理的各种职能，故是一种全面的全方位的绿色管理。同时产品或服务的质量有赖于员工的身心条件，因此，企业不仅开始实行全面的绿色管理，还要为员工创造绿色的工作环境、生活环境和社区环境，使企业所有的生产经营活动和内外部环境均处于一个“绿色大系统”之中。

2. 企业绿色管理的理论特点

从理论意义上看，企业绿色管理具有以下特点。

（1）绿色管理建立在生态工业经济的基础上。生态工业经济是指用生态学的理论和方法研究工业生产，把工业生产视为一种类似于自然生态系统的封闭体系，这样，在一定区域内彼此靠近的工业企业就可以形成一个相互依存的工业生态体系。

（2）绿色管理是循环经济理论在工业体系中的应用形态之一。循环经济是对物质闭环流动型经济的简称，是以物质、能量梯次和闭路循环使用为特征的，在环境方面表现为污染低排放，甚至零排放。循环经济把生态工业、资源综合利用、生态设计和可持续消费等融为一体，运用生态学规律来指导人类社会的经济活动，因此，绿色管理本质上是一种基于生态的循环经济。

（3）绿色管理以实现自然、社会、企业可持续发展为目标。人类要实现自身的可持续发展就要使自然、社会协调发展，企业作为社会系统的一个子系统，是联结人类社会与自然界的一座桥梁，其活动影响着人类与自然的关系，企业实施绿色管理，使企业的活动与自然相协调，进而实现自然、社会的可持续发展。

（4）绿色管理以社会效益、经济效益、生态效益的统一为基本原则。传统经济学与管理学只注重企业的经济效益，忽视了生态环境效益。随着社会的发展，人们逐渐认识到企业经营管理活动的效益应该包括经济效益、社会效益和生态效益，是这三大效益的有机统一。实现企业的可持续发展，进行企业绿色管理，就要将这三大效益有机统一起来，作为企业管理的出发点和落脚点。

（5）绿色管理以节约资源，减少污染为基本手段。在产品制造过程中，尽量减少各种资源的消耗，如少用或不用有毒有害的原料，节约能源，采用先进技术、工艺装备，尽量减少生产过程中的废弃物；在产品包装上采用耗能少、易分解、无毒性、无污染的材料，实现包装绿色化等。

（三）绿色管理的内容

1. 建立绿色管理模式

企业的绿色管理模式主要包括以下三个方面。

（1）建立绿色企业文化。

（2）制定绿色经营战略。企业应结合企业的实际经营管理情况和企业所处的外部环境，明确企业的发展方向，从企业的全局出发来制定企业实施绿色管理的途径和措施。

（3）设立绿色组织机构。绿色组织机构的设立是企业绿色管理顺利实施的可靠保证。

2. 实施绿色生产

绿色生产是企业采用绿色技术和先进的管理手段实现提高能源的利用效率和降低污染物排放的一系列的企业生产活动。绿色生产主要包括绿色设计、绿色采购、绿色技术、清洁生产等。

3. 实现绿色营销

绿色营销是企业实施绿色管理的综合体现，是指将绿色的理念融入企业的营销过程中，通过同企业市场主体进行产品价值的交换来实现企业的生产经营过程与社会利益相一致的目标。绿色营销包括绿色包装、绿色认证和绿色消费。

4. 进行绿色理财

企业应将实施绿色管理的环境保护效益和成本计算到企业产品的总成本中，实施绿色理财。绿色理财主要包括绿色会计、绿色审计以及绿色核算等内容。

（四）绿色管理在旅游酒店的价值

1. 绿色管理在旅游酒店中的应用价值

（1）精准预测成本。酒店管理人员应深入市场进行实地考察，充分了解资源成本，并在原有基础上对资源成本进行估测，以满足消费者的消费需求和消费愿望；系统地规划成本的估算和操作体系，进一步深入了解每一个细节、每一方面的成本要求。如果所需资源市场较大，就要考虑与市场有关的其他消费模式及消费需求，密切关注资源之间的联系，最大限度地应对各种资源之间的竞争。此外，还要充分了解资源售后服务及售后维修细则，准确把握产品的使用时间与使用期限。只有制定完善的成本体系，才能充分实现自我利益最大化及资源可持续运行。

（2）实现专业成本管控。要对成本进行全面管控，加强各个管理部门和基层对成本的了解程度，提高资源管理能力。健全成本和资源管理制度，完善部门对资源的合理规划，尽量减少计算失误。把控每一部分成本的计算过程，在合理范围内对所需产品进行筛选与选择。把控好每一次生产活动的污染指标，最大限度地减少环境污染，杜绝先污染后治理的现象。酒店应设置专业的成本管理部门，有效地把控和掌握产品的使用范围和功能，使企业经济利益最大化，提高企业的市场竞争力。

2. 在旅游酒店落实绿色管理的具体措施

在旅游业不断发展和绿色管理、绿色消费的影响下，各酒店之间要通力合作与交流，加强资源的合理配置，实现资源共享，优势互补，提高资源的有效利用率。从酒店管理层做起，大力传播可持续发展绿色管理理念，带动内部员工和游客倡导绿色、践行绿色；注重酒店本身的绿色设施建设，维护酒店自身的形象，促进消费者形成绿色消费观念。

（1）注重自身文化发掘与发展。酒店加强绿色文化建设，可以提高员工的绿色服务理念，提升员工的服务素质和服务能力，使员工时刻将消费者的利益放在第一位，积极地为消费者服务，贯彻落实好全心全意为消费者服务的理念，从而让消费者感到被服务和被尊重，可以极大地刺激他们的消费欲望，进而促进酒店自身可持续发展和经济收入的提高，实现旅游酒店绿色发展目标。

（2）加强互助合作与交流，实现绿色资源共享。旅游酒店为了吸引消费者，都在打资源配置牌，通过合理调配资源提高自身的竞争能力。但是各酒店单打独斗势必会造成资源的极大浪费，只有各酒店行通力合作与交流，挖掘每一方的优质资源，实现资源共享，进行优势互补，才能走共同发展的道路。通过酒店之间的不断了解、合作和探索，加强资源的合理配置，扩大资源的有效利用率，能够实现旅游酒店绿色管理的可持续发展。

（3）大力传播可持续发展绿色管理理念。对于旅游酒店来说，从运营管理到生产服务都与自然生态有着千丝万缕的联系，比如给游客提供的食物、被褥、清洁用品等都是来自自然，最后又都返回自然。因此，酒店要狠抓绿色管理，大力传播绿色发展理念，比如，服务员在给客人推荐菜肴时，尽量介绍既经济实惠又营养均衡的绿色产品，在发现客人点食物过量后要及时提醒，鼓励客人将吃剩的菜肴打包带走等，贯彻落实绿色发展活动。

（4）注重酒店本身的绿色设施建设。对于旅游酒店来说，提供安全、环保、健康的酒店设施是绿色发展中不可缺少的部分，这对于酒店的正常运行和发展都是至关重要的。例如，有的酒店取消了为游客提供牙刷、牙膏、梳子、肥皂等服务，将小瓶装的沐浴露和洗发水换成了大瓶或可添加式的包装；将白昼运行的多部电梯改成了客人休息后仅留一部或少部运行；将桶装方便面换成了散装的并给游客提供免费的泡面餐具等。当消费者结束消费时，服务者应该积极地向消费者传递一些绿色观念，比如一个简单的打包行为，既维护了酒店自身的形象，又促进了消费者绿色消费观念的形成。

四、绿色产品

（一）绿色产品概述

绿色产品的概念在全球范围内日益受到重视，它代表了一种可持续发展的理念，旨在减少对环境的负面影响，同时提高产品的生态效益和经济效益。根据我国《绿色产品评价通则》（GB/T 33761—2024）的定义，绿色产品具有以下几个关键特征。

全生命周期环保：绿色产品从原材料获取、生产加工、包装运输、使用到废弃处理的整个生命周期中，都应该符合环境保护的要求。这意味着在产品设计阶段需要考虑到环境影响，选择可回收或可降解的材料，减少有害物质的使用。

对生态环境和人体健康无害或危害极小：绿色产品在生产和使用过程中，应尽量减少对生态环境的破坏和对人体健康的危害。这包括限制或消除有害化学物质的使用，减少噪声和空气污染，以及确保产品在使用过程中不会产生有害的副产品。

资源能源消耗少：绿色产品在生产过程中应注重资源和能源的节约。这可能涉及提高生产效率，使用可再生能源和开发节能技术，从而减少对非可再生资源的依赖和能源消耗。

品质高：绿色产品不仅要环保，还要保证产品的质量和性能。这意味着产品应该具有较长的使用寿命，减少因频繁更换而产生的废弃物，同时也要满足消费者的使用需求和审美标准。

可持续性：绿色产品的设计和生产应遵循可持续发展的原则，考虑长期的经济效益、社会效益和环境效益。这可能包括支持当地经济、促进公平贸易，以及提高产品的可回收性和可再利用性。

透明度和可追溯性：为了增强消费者对绿色产品的信任，生产者应提供透明的信息，包括产品的成分、生产过程、环境影响评估等。同时，产品应具有可追溯性，让消费者能够了解产品从原材料到成品的整个过程。

创新性：绿色产品往往伴随着新技术和新工艺的应用，这些创新有助于提高产品的环保性能和市场竞争力。创新不仅体现在产品本身，还包括生产方式、供应链管理和售后服务等方面。

教育和宣传：为了推广绿色产品，企业应通过教育和宣传活动提高消费者对绿色产品的认识和接受度。这可以通过产品标签、广告、公共关系活动等方式实现。

绿色产品的发展是全球环境保护和可持续发展战略的重要组成部分。随着消费者环保意识的提高和政策的支持，绿色产品有望在未来市场中占据越来越重要的地位。

（二）酒店绿色产品

绿色产品在酒店行业中通常包括以下几类产品和服务。

（1）绿色客房：这类客房提供绿色环保设施，如可回收或生物降解的洗漱用品，以及节能设备，如LED照明和节能空调。

（2）无烟楼层：这类客房提供给不吸烟的宾客，以减少对环境和他人健康的潜在影响。

（3）餐厅无烟区：在餐厅中设置的无烟区域，以保护非吸烟者免受二手烟的伤害。

（4）绿色食品：在酒店餐厅提供的健康、环保的食品，如有机食品、本地农产品等。

（5）绿色饮料：提供无添加剂、低糖或无糖的饮品，以减少对健康的潜在影响。

（6）适量点菜、存酒服务、打包服务：鼓励宾客适量点餐，提供存酒服务以及打包服务，以减少食物浪费和垃圾产生。

这些绿色产品和服务旨在营造一个健康、舒适且具有个性化的服务空间，鼓励宾客参与到环保行动中，共同提高环境质量，有益于人类健康。

第六章　绿色酒店管理营销策略与实施路径

第一节　酒店的绿色营销的要求与举措

一、绿色营销概述

绿色营销是指企业在生产经营过程中，顺应绿色消费潮流，将企业自身利益、消费者利益和环境保护利益三者有机地统一起来，在充分满足消费者的绿色需求、争取适度利润和发展空间的同时，注重自然生态平衡，减少环境污染，保护和节约自然资源，维护人类社会长远利益，将环境保护视为企业生存与发展的条件和机会，并以此为中心，对产品和服务进行构思、设计、制造和销售，以实现企业营销目标的一种新型营销观念。

绿色营销具有两层含义：一是企业引导消费者转变消费观念，培养消费者的绿色意识，倡导消费者崇尚自然、追求健康，选择未被污染或有助于公众健康的绿色产品，引导消费者注重环保、节能减排，实现可持续消费。二是企业在生产过程中根据消费者的绿色需求，严格管理与控制，确保产品的安全、卫生和方便，促进人们的身心健康发展和生活品质提高。同时注重对生产废弃物的处置，减少环境污染，优化人们的生存环境；在生产过程中节约原材料，学会资源的循环利用，最大限度地保护地球资源。

二、绿色营销对于酒店提出的要求

绿色营销的宗旨在于通过引导并满足人们的绿色消费，促进企业的绿色生产与社会经济的可持续发展，并还环境以“绿色”。这里“绿色”代表着“环境保护”“回归自然”“生命”等，根据绿色营销的宗旨，酒店在实施绿色营销时，必须注意以下事项。

（一）酒店的建设要避免对环境造成破坏

为了满足人们度假、休闲、健身、商务等方面的需要，酒店建设需要使用土地、绿地、森林、水体等资源，如果规划不当，不仅会对酒店周围生态环境造成破坏性的影响，还会影响自然景观、城市景观的质量。要实施绿色营销，在酒店建设之初，应进行科学审慎的论证与合理的规划设计，在充分利用自然资源的基础上，尽量确保建筑风格与当地自然人文景观的和谐统一，避免周围景观质量下降。

（二）酒店设备的运行要减少对于环境的影响

酒店设备的运行对于环境的破坏作用主要表现在两个方面：一是设备消耗的能源；二是生产过程中产生的废水、废气、废弃物等污染。为了尽量减少设备运行对于环境造成的污染，酒店应当尽可能地选择节能节水设施，采用自动化的控制技术，提高设备的运行效率，减少对于外界环境的“三废”排放。

（三）酒店的物资消耗应降到最低

酒店的生产经营离不开对各种物资的消耗，除水、电等基本物资资源以外，还包括各类客房内的棉制品、低值易耗品，餐饮部门的食品原材料及其他一些物资用品等。酒店的对客服务过程和客人的消费过程不仅是一个物资消耗的过程，还是一个生产固体废弃物的过程。酒店需要在内部尽可能实现物资的回收循环利用，采取各种措施提高物资的使用效率，减少生活垃圾等固体废弃物的产生，从而减少对于社会环境的影响，同时推动全社会对于物资回收再利用工作的进行。

（四）酒店需要提供能够满足人体健康要求的产品

提倡物资的回收循环再利用并不是要以牺牲消费者的健康消费为代价。酒店是一个向消费者提供住宿、餐饮等生活、休憩、娱乐性产品与服务的场所，其提供的产品与服务必须是有利于人们健康的，如果单纯为了追求物资消耗成本的降低而忽视消费者的身体健康，酒店的经营就是舍本逐末的，势必会遭到顾客的背弃。酒店实施绿色营销时应当谨记：绿色营销的原动力来自顾客的绿色消费，节约资源与为顾客创造舒适自然的消费空间、为顾客生产能够满足其健康需要的产品之间并不矛盾，只要举措得当，酒店完全可以同时实现上述两个目标。为此，酒店需要在节约资源的基础上，确保室内外环境符合安全卫生标准，努力开发如绿色客房、无烟餐厅、绿色食品等符合人体健康需求的环保型产品，同时通过室内外的环境绿化为客人创造一个良好的自然空间。只有这样，酒店才能真正满足顾客绿色消费的需求。

（五）酒店需要积极参与社会的环境保护活动

酒店参与社会的环境保护活动主要表现在以下几个方面：严格执行国家颁布的各项环保法律法规；积极配合政府主管部门组织的环境整治工作；主动为社区环境保护作贡献；主动加入环保组织，积极履行环保义务。

三、酒店绿色营销举措

绿色营销的推行并非一两句口号就可以解决的问题，它是一个复杂的过程，需要收集绿色信息，捕捉绿色机会，发现绿色需求，拟定绿色计划，开发绿色产品，制定绿色价格，开展绿色促销以及进行绿色宣传活动等，其核心是绿色营销观念在全酒店的渗透。酒店要以绿色营销的观念推动自身业务发展，在引导并满足绿色消费需求的同时提高自身的经济效益，必须从以下几个方面展开工作。

（一）营销观念绿色化，创建绿色企业文化

酒店开展绿色营销的前提是在酒店内部创建绿色企业文化，核心是强调酒店对社会和环境的责任，实现人与自然、人与人以及人自身的身心和谐，并将环保目标与酒店经营目标融为一体，激励员工节约资源，保护环境。

首先，酒店的经营管理者必须转变观念，明确制定酒店绿色管理及绿色营销的方针和政策，把环境保护意识真正融入并推行至酒店经营的各个环节之中。必要时，安排专门的工作人员推进此项工作。

其次，酒店员工要形成绿色营销意识，积极贯彻酒店的绿色营销措施。要做到这一点，酒店必须加强对员工的环保教育，培养员工的绿色意识。同时在企业理念中作出明文规定，将环保理念渗透企业理念之中，例如澳大利亚悉尼洲际酒店就有这样一条理念：“我们不需要5位在酒店管理中做得十全十美的员工，而要求每一位员工有节约5%的水和能源的强烈意识。”仅仅在理念中强调并教育员工具备环保意识还远远不够，酒店必须采取各种措施激励员工积极投身于企业的绿色营销建设之中。例如，对实施环保计划表现积极、确有成效的员工进行奖励，开展鼓励员工进行节约能源的创新活动，也可以开展一些有意义的社会实践活动等。这样不仅在酒店内部推行绿色环保意识，还可以借助员工的社会实践活

动将绿色环保意识传播至更广泛的社会范围内，扩大酒店绿色营销的影响力与作用力，在社会公众的心目中树立良好的形象。

（二）员工意识与服务绿色化

绿色营销不仅要求酒店硬件及有形产品的设计绿色化，还要求员工服务意识绿色化，即要求全体员工以保护人类健康、自然资源和生态环境为宗旨，在服务过程中始终贯彻绿色意识与绿色理念。员工意识与服务绿色化是客房餐饮等硬件有形产品绿色化的有力保障，只有员工树立“以客人为尊，为客人健康着想”的服务理念，具有绿色的服务意识，酒店的绿色营销才能真正深入每一个细节。

员工绿色服务意识培养的关键在于酒店高层管理者的推动，因此管理层必须适时而动，从战略高度认识绿色营销的重要性，从上而下推行绿色营销，同时加强对酒店员工绿色服务意识的培训，强调绿色营销的全员参与。

员工的绿色服务意识主要表现在其对客服务的一举一动、一言一行之中，例如，在客房服务中，严格按照绿色服务操作规范使用设施设备、为客人撤换配备用品，降低物品设备的消耗与使用；在餐饮服务中，向客人推荐绿色食品和饮料；适当提示客人点菜莫过量，提倡“消费不浪费”；客人需带走剩菜时，积极提供打包服务，力求做到资源不浪费；等等。为了激发员工绿色服务意识及服务行为的出现，酒店可以开展各种活动。例如，酒店可以在员工当中收集创绿节能的新思路，同时组织一些绿色环保活动，如植树、绿色知识竞赛等，还可以通过“创绿使者”的评选，采取行之有效的绿色奖励制度，奖励员工的绿色环保行为与创意。这些活动可以增强员工环保意识，营造创建绿色营销的氛围，从源头处推动酒店营销工作的开展。

（三）营销策略绿色化

酒店绿色营销工作的开展不能仅仅依赖口号的宣传以及绿色产品的设计，还需要绿色价格、绿色渠道、绿色促销等绿色营销策略的配合。

1. 绿色价格

绿色价格，就是在计算酒店产品成本时不仅要考虑各种经济成本，还要把环境保护成本、绿色产品开发成本都计算在内，即绿色价格的核心是环境成本。绿色营销的环保理念要求酒店在经营的过程中不仅要注重经济效益，更要注重社会效益。例如，北京昆仑酒店投资300余万元将原来使用的燃煤供暖锅炉改为燃气锅炉，尽管这样的改造使得每年多支出700余万元，但每年可使二氧化硫的排放量减少96吨，烟气排放量减少16.8吨，固体废弃物排放量减少500吨，其获得的社会效益是难以用金钱来计算的。除购进设备带来的成本增加外，有些酒店为避免浪费，推出了低值易耗品有偿使用的举措，这些都会使在一段时期内酒店的绿色价格高于普通酒店的价格，从而遭到部分价格节约型顾客的抵制。但是从长远可持续发展的角度来看，帮助消费者树立“环境有偿使用”“污染者付费”的新观念是十分必要的，随着消费者环保意识的增强和绿色消费观念的形成，绿色价格必然会被越来越多的消费者认同和接受。

2. 绿色渠道

绿色渠道是指酒店在选择销售中间商时，应考虑到他们的绿色信誉，重点考察他们的环保意识，有无分销绿色酒店产品的经验，是否乐于真诚合作并帮助酒店推销绿色产品。找到志同道合的、具有绿色环保意识的分销渠道合作伙伴，不仅能够帮助酒店顺利销售自己的绿色客房及餐饮产品，还能够帮助酒店在更广泛的范围内宣传绿色营销理念，推动宾客的绿色消费意识。在选择绿色分销渠道时，酒店需要特别关注网络分销商的作用。由于网络可以运用文字、图片甚至视频等多种形式的媒介载体传输企业信息，传播范围广，影响力大，而且具有绿色消费观念的消费群体多数是具有一定文化知识水平的人群，善于使用网络进行订房，因而在实施绿色营销时，如果酒店能够找到同样关注社会环境保护、支持可持续发展的网络分销商，就可以在更广泛的范围内有效实现绿色产品的销售。

3. 绿色促销

绿色促销是指酒店运用恰当的促销方式和策略宣传自己的绿色产品。虽然绿色营销及绿色酒店概念的提出已经有很多年了，但是还有相当一部分消费者对绿色营销认识不够，甚至会有一些消费者不理解甚至抵制酒店的绿色营销措施，因此酒店不仅应当主动承担环保义务，推进绿色产品的销售，塑造自身的绿色形象，更要通过一系列促销手段在推销绿色产品的同时，普及宣传环境保护的理念，激发消费者的绿色消费需求，增强公众环保意识。例如，酒店可以有针对性地投放广告，邀请公众参观，借助新闻媒介报道绿色公关活动；采取各种沟通手段向客人及公众宣传酒店的环保计划和倡议，主动引导和鼓励消费者进行绿色消费，促使消费者将自身对生活环境质量的需求转变成实际的推动环境质量提高的行动。总而言之，要在促销中把客人视为环保的合作伙伴，让客人认识了解并购买绿色产品与服务，以实际行动强化酒店在社会公众心目中的绿色形象，从而建立较高的绿色信誉。

第二节　绿色酒店营销模式的价值及实现途径

一、绿色酒店企业营销模式的价值

绿色营销是现代酒店营销的重要模式，蕴含着推动人类社会发展的经济价值、宣传价值及生态价值，能够反映当代人的价值诉求，使人类个体拥有均等的生存环境和生存机会。

（一）经济价值

绿色营销拥有丰富的经济价值，绿色酒店通过绿色营销及对资源的再生利用，能够充分利用稀有或不可再生的资源，使资源得到有效的利用和节约。在成本控制层面上，绿色营销理念能够帮助酒店构建资源整合、优化利用及循环利用的意识，从根本上规避酒店对资源的浪费，降低酒店的资源投入和成本投入，使资源得到充分的利用。在绿色酒店经济发展和市场拓展的过程中，消费者的绿色消费理念日渐加强，对环保型、绿色型、解决型的产品和服务，呈现出庞大的需求。绿色营销能够切实满足消费者或客户的绿色消费需求，契合消费者的绿色理念，也可间接地满足绿色酒店的经济发展诉求。此外，绿色营销能够增进绿色制造与绿色消费之间的关系。绿色营销不仅注重酒店营销对资源的配置和环境的保护，还关注对客户权利的保护和尊重，即在强调营销主权的过程中强调客户主权。通常来讲，绿色消费在注重环境与消费行为的兼容性上，强调客户在消费、采购中的安全。绿色制造则在强调商品生产、材料选择及设计制造的基础上，强调企业对生态环境的保护和维护。绿色营销能够为绿色消费和绿色制造提供“桥梁”，使生产商准确地获得客户的消费趋势，调整绿色制造模式，提升自身的经济效益。在宏观层面上，酒店的绿色营销能够为制造企业提供新的经济增长点（譬如绿色无污染的酒店用品、饮食或餐具等）。

（二）宣传价值

绿色营销能够确保社会、自然、人的同步发展，形成绿色市场，通过酒店营销活动，帮助消费者树立绿色理念，传承绿色文化，促进绿色经济的快速发展。绿色酒店的营销内容主要包括公共关系、企业形象、推广、渠道、产品、价格、包装、徽标、广告及相关政策等。因此，绿色营销不仅是酒店产品和服务的营销，也是绿色理念的营销，消费者和社会大众在享受酒店服务或产品，会潜移默化地受到绿色理念的影响，进而更好地参与绿色消费。在社会发展层面，绿色营销有利于绿色市场的形成，使酒店、制造商、生产商、服务商围绕绿色营销和绿色消费理念，更好地开展环境保护与资源配置活动。从绿色营销宗旨和目的的角度出发，绿色营销最根本的目的是提高环境质量，控制资源消耗情况，确保经济建设与生态保护的和谐发展。因此，凭借绿色营销的宣传价值，社会各领域能够积极地参与到“绿色消费”和“绿色制造”的过程中，进而推动并促进我国生态文明建设。

（三）生态价值

在消费者或客户层面，噪声污染、水质污染、空气污染是影响人类健康的重要因素，因此在绿色消费理念得到普及和认同的过程中，消费者会追求无污染或低污染的服务及产品，以此提高生态环境的质量，优化人类的生存空间。在生产商或酒店层面，生态污染容易使企业损失生产力，造成资源不足、能源损失等问题，进而影响企业的经济收益和社会效益。以绿色制造为抓手，能够切实地降低企业或酒店对生态环境的污染，提高资源的配置质量。绿色营销是连接绿色制造与绿色消费的抓手，能够从整体上提高环境保护的质量与效率，使城市环境更加健康、美好。

二、绿色酒店企业营销模式的实现途径

（一）加强宣传，提升社会层面对绿色酒店企业的认知度

首先，对绿色酒店相关知识进行大力宣传，帮助社会公众明确绿色酒店的特点与优势，进而倡导消费者践行绿色消费观念，改变日常消费价值观。为此，可将绿色酒店宣传融入公益广告的宣传中，如节约用水、保护生态环境、爱护动物等，使公众与消费者意识到，企业并非为缩减成本支出而践行节约，而是要最大限度地利用资源，避免资源浪费与破坏，实现生态环保的目的。

其次，企业可适当举办具有较强娱乐性质且可全民参与的活动，为公众体

验绿色酒店产品、使用绿色酒店提供渠道。政府也可对表现突出、达到行业相关标准的绿色酒店颁发“绿色企业证书”等，进一步鼓励酒店践行环保，倡导绿色消费。

（二）优化营销策略，将绿色理念贯穿营销的全过程

传统营销主要包括促销、渠道、定价、产品等环节，对象为酒店的目标受众群体，而通过对以上环节的调整与组合，可打造不同的营销模式。对于绿色酒店营销而言，模式的构建需从自身定位出发，对受众偏好与需求进行深入挖掘，在引导受众群体进行绿色消费的同时，以科学的价格策略与产品策略满足消费者的需求。为此，绿色酒店可将以下营销组合方式与绿色理念充分结合。

渠道销售：鼓励分店与渠道商将营销重点放在健康与环保的宣传上，在所有营销渠道中实现绿色营销的全覆盖，强化营销与宣传效果。

活动促销：重点可放在消费者上，以消费者为切入点，将绿色营销内容与酒店文化中的生态观进行科学融合，通过对绿色产品、绿色形象与绿色信息的营销，将绿色消费理念传递至消费者，营造绿色消费氛围，进而实现消费者绿色消费行为的转化。

定价策略：酒店需要注意营销与消费者消费能力之间的平衡，酒店既要考虑成本，也要站在消费者的角度思考其对价格的接受程度。

绿色产品：积极应用新技术，改变传统产品生产能耗较高的问题，确保生产的产品从内在质量到外在包装均是环保、健康且安全的。产品的回收与处理也应避免污染环境，全程执行绿色环保理念，真正为消费者提供健康安全的服务。

（三）以国际标准为标杆，打造绿色酒店品牌

首先，绿色酒店企业需意识到有效营销对自身发展的重要意义，选择行业中的标杆企业，对其成功原因与方法进行深入分析，然后从自身酒店实际情况出发，结合自身特点融入创新性的营销方法，借鉴成功经验进行营销，在促进自身顺利发展的同时，也要不断赶超标杆企业。

其次，酒店管理者在明确酒店发展战略与企业营销宗旨的前提下，应持续学习绿色理念，以绿色理念促进绿色管理。一方面，酒店可以组建绿色酒店管理委员会，为各职能部门设定管理目标，如客房部要注重资源回收、餐饮部需倡导绿色消费、工程部要尽量减少能耗、人事部需做到人性化培训等。通过多部门共同努力，为酒店营销工作的推进提供支持与保障。另一方面，在春节或是元旦等节

日，酒店也可以举行娱乐活动并号召员工参与，借此机会将绿色酒店文化与绿色消费、绿色理念等传递给员工，帮助员工进一步了解、认知绿色理念，进而在酒店中营造绿色文化氛围。酒店身体力行地践行绿色文化的行动也会感染前来消费的客户，进一步强化酒店的品牌形象。

在绿色环保理念越发深入人心的背景下，社会的绿色消费需求也在持续增长，这为绿色酒店的发展提供了契机。因此，酒店行业应立足当前的发展困境，积极创新，通过优化渠道销售、活动促销、定价策略与绿色产品等方面的营销策略，打造绿色酒店品牌，提升社会层面对绿色酒店的认知度，赢得消费者的青睐，提高市场影响力与竞争力。同时，要影响消费者的消费理念，使其养成绿色消费习惯，在推动酒店更好发展的同时，减少能源消耗、改善生态环境，为推进我国社会的生态文明建设提供有力的支持。

第三节　绿色酒店管理之低碳酒店的实施路径

一、酒店能源管理

（一）影响酒店能耗的主要因素

1. 酒店的地理位置及其建筑结构

我国南北方地区在气候、日照时间等方面存在很大差异，酒店的建筑年限、保温性能、采光效果以及结构形式（园林式或高层建筑）等也会影响其能源的消耗。

2. 酒店机电系统的设计、安装水平

机电系统的设计及安装水平也是影响酒店能耗的重要因素之一，一些没有经验的设计院或者安装单位往往会给酒店的经营者留下隐患，造成运营后能耗过大。

3. 设备设施的优劣以及所用的能源种类

酒店所用设备本身的能耗大小、所用能源的种类及价格的不同也将反映在能耗指标上。另外，使用燃煤锅炉和燃油锅炉的酒店，在燃料费用支出上必然会有很大差距。

4. 酒店的服务标准

不同档次的酒店由于服务标准不同，在室内温度、湿度、灯光照度等标准控制上也必然不同，这会导致能源消耗的变化。

5. 酒店的经营状况

简单地说，酒店的经营状况越好，客房出租率、餐饮的上座率越高，能耗指标就越小。

酒店营业收入不同可能是影响能耗比的主要因素。例如，由于不同城市的消费水平不同，同样是四星级酒店，有的房价是400元/间·天，而有的则可以卖到800元/间·天，尽管能源消耗差别不大，但其价格却相差一倍。因此，通常来说相同城市的同星级酒店的参数才有一定的可比性。

6. 设备设施的运行操作及维护保养

工程部能否根据天气及酒店经营状况等因素的变化来合理地调度、控制设备设施的运行，对设备维护保养的好坏都将直接影响能源的消耗。

7. 酒店设备的技改工作

任何一家酒店机电系统的设计、施工及设备的选型、安装中都会或多或少地存在一些隐患，特别是在业主没有酒店管理经验、在基建过程中又没有很好地进行控制和把关时，隐患就更加严重。因此在酒店投入营运以后，工程部必须花大气力，对这些遗留问题进行改造，在保证酒店正常经营的同时，降低能源消耗。

8. 酒店的能源管理水平

许多能源消耗较大的酒店没有能源管理制度，没有能耗指标和考核办法，就谈不上节能计划、节能培训等工作的开展。

9. 酒店中高层管理人员对能源管理的重视程度

要搞好酒店的节能工作，管理人员特别是总经理层的重视往往是至关重要的。有些酒店对动力设备的运行要求是只重视效果，一味追求高标准，而忽视了效率和能源消耗。

10. 员工的节能意识

酒店的节能工作和设备管理一样，不可能单靠某一个部门完成，而必须是全员管理、全员控制。

（二）能源管理的主要内容和方法

在上述十个影响能耗的因素中，前四个因素一般是不可改变、不可控制的，而后六个方面是能源管理的主要内容。

酒店能源管理的最终目标是始终保持最高的能源转换效率和使用效率。所谓转换效率，主要是指工程部各机电系统和设备的运行效率。从能源角度来说，这些系统和设备的主要作用是进行能源转换和输送，而使用效率则是指全酒店各区域各种能源的使用能否得到有效控制。

1. 认识层面

一是要健全制度，建立管理机构。酒店应成立以总经理（或分管副总经理）为首，各部门经理为主要成员的节能领导小组，负责以下事宜。

（1）制定酒店能源管理制度。

（2）制订并组织实施酒店节能计划。

（3）组织学习、推广节能经验，开展节能教育和培训工作。

（4）组织各部门能源管理工作的检查、评比、奖惩。

二是要在全酒店树立“节能降耗人人有责”的意识。只有每一位员工在每天的工作中都自觉按要求积极做好节能工作，才能实现全酒店真正意义上的节能。

2. 操作层面

对各部门使用能源设备必须制定出详细的操作管理制度，务必使每一位员工掌握相关能源设备的操作方法和启停时间等，在使用中做到有章可循、有章必循，从根本上杜绝一些不良现象。如一台几千瓦的面包机只烘烤一两个面包，很热的食物未经自然冷却就放入冰箱、冷库，冷藏设备不及时进行除霜，办公室、工作间有“长明灯”“长流水”，设备设施长期“跑、冒、滴、漏”，酒店安全通道及其他区域的门窗关不严或根本不关等。

应由能源管理机构制定全酒店的能源指标，对于中等规模以上的酒店，要对重要的能耗区域（如客房部和餐饮部）进行单独的能源计量，并确定消耗指标，明确各级管理人员的检查和督导职责。对于违规和浪费现象必须按章进行处理，对于费用超标的应根据情况进行相应的经济处罚。最终目的是使各级管理人员和全体员工真正重视能源控制问题。同时，管理人员还应注重了解员工对节能工作的看法，征集好的建议，制定必要的政策，对相关人员提出的、取得一定效果的建议和措施应给予奖励，充分调动员工的积极性。

（三）酒店节能

1. 节能的概念

简单地说，节能就是减少能源消耗，但是节能并不是单纯的绝对数量的减少，它是一个相对数。

节能是指在不增加其他资源投入而满足相同需要或达到相同目标的条件下，采取技术上可行、经济上合理、社会能够接受、环境所允许的管理或技术措施，提高能源利用效率，尽可能减少能源需求的增长。

（1）狭义节能。人们在生产和生活中都需要消耗能源，如果在满足相同需要或达到相同目标的前提下，降低这种直接的、看得见的能源实物消耗，即提高能源利用效率的节能，称为狭义节能。

（2）广义节能。人们在生产和生活中除了直接消耗能源以外，还占用和消耗各种物资。人们利用的所有物资包括能源本身在内，都要经过生产、流通、储存等过程，这些过程也要消耗一定数量的能源，这些能源“包含”在物资内，是无形的。因此，在生产、生活中，节省物资也就是节省能源，这就是广义节能。

广义节能是在满足系统需要或达到系统目标的前提下，提高能源系统效率，既包括直接节能，也包括间接节能的完全节能。

广义节能主要包括以下几个方面的内容。

①合理节省各种经常性物资消耗。

②合理节约不必要的劳务量。

③合理节约人力。

④合理节约资金占用量。

⑤合理减少其他各种需要所引起的能源消耗。

⑥合理提高设备效率。

⑦合理提高产品质量和服务质量。

⑧合理降低成本费用。

⑨合理调整服务模式。

2. 节能的基本观点

搞好节能工作，应树立长期观念、综合观念、经济效益观念和全员节能观念等。

（1）长期观念。节约能源不是权宜之计，而是一项长期任务，社会生产的发展、经济的增长离不开能源，也就少不了节能。酒店的节能应因地制宜，从生产建设实际出发，长期规划，逐步释放节能潜力。

（2）综合观念。节能涉及面广，需要全面考虑，从系统节能要求出发，采取多种措施。在考虑节能措施时，不能只注意节能措施自身的、局部的效果，还要分析有关环境的能耗增减情况，要看系统总体能耗是否节约，是否合理。

节能措施还必须考虑生产发展、提高产品品质、提高环境质量等因素，做到综合评价，使节能效果与酒店综合效益相统一。

（3）经济效益观念。酒店推广先进节能技术一般都可以获得一定的节能效果，但其经济效益有时并不显著，因为有的节能技术的投入远远超过了节能的收益。因此，节能技术的经济效益高低应是决定技术推广采用与否的关键要素之一。

（4）全员节能观念。节能涉及酒店的每一位员工，只有全体员工都增强节能意识，主动做好节能工作，才能搞好节能。

3. 酒店节能的原则

（1）能源使用量与负荷的匹配。出于设备运行安全等因素的考虑，酒店有部分设备的装机容量远大于运行负荷，这是在酒店节能工作中特别要解决的问题。做到能源使用量与负荷相匹配可以从两个方面着手：改造设备或加强设备的运行控制。

①低负荷设备的分离。酒店各系统的末端往往连接一些低负荷的设备，但这些设备的运行仍要启动系统主机，这时可以考虑分离低负荷的设备，将其转为自行控制，独立操作。例如，可以在熨烫机附近安装一个独立的小型蒸汽发生器来提供蒸汽，这样锅炉蒸汽系统就不需要启用。又如，当外界温度较低时，酒店的制冷机一般会关闭，对于室内需要降温的个别区域如商场、总机房等，可以考虑安装独立的自控装置进行制冷。

②运行标准的设定。设定运行标准是设备运行控制的重要内容。比较典型的是设定中央空调系统的运行标准，酒店应确定中央空调的运行时间以及各区域室内的温度标准。另外，应制定与中央空调系统运行有关的操作规程和操作要求，如前台排房要相对集中，以便关闭非入住区域的单个设备；在客人离店后，客房部员工在清洁客房时要对客房空调的使用进行控制。

③增加小型设备。酒店可以根据实际的需要量，通过增加小型设备来解决容量过大的问题。这种做法虽然可能使设备投资回收期变得比较长，但是酒店重要设备的预期寿命都将因此而变长。若酒店正好需要更新设备，这时增加一些小型设备，当然是最经济的。

④减少冷热负荷。酒店中的每一项活动或工作都会影响冷热负荷。例如，酒店的照明需要用电，同时，照明灯具本身又会对夏季空调负荷造成影响，所以对照明的良好控制有助于节能。又如，酒店会大面积使用玻璃，以创造良好的采光，但各种反光以及阳光透过玻璃产生的辐射对夏季的空调节能非常不利；有的酒店由于不能很好地调节厨房、洗衣房等场所的空气压力，使这些区域工作中产生的热量源源不断地进入其他需要制冷的区域，这些都会导致空调负荷增加。

（2）综合考虑能源的使用效果。在实施节能过程中，不仅要考虑直接使用能源的环节，还要考虑一些非直接使用能源的环节。在这些环节中，虽然没有直接使用能源，但它影响了能源使用的效果，因此，酒店在这些方面做的改进可以带来很高的节能效益。例如，进行水处理，防止沉淀和结垢，可以提高热交换效率；调整锅炉燃烧器的风油比，可以提高油燃烧的效率。其他如进行人工智能温度控制，改变设备的运行时间等。

4. 酒店节能的途径

酒店节能主要有两个途径：一是加强科学管理；二是积极采用先进技术。这两个方面有着密切的联系，它们相互补充、相互制约，在实践中应综合考虑。

（1）加强科学管理。酒店能源管理的薄弱之处，就是缺乏科学的管理。节能的科学管理包括许多方面，除了建立能源管理体系、制定能源管理制度以外，还应做好以下几个方面的工作。

①开展节能宣传教育。酒店用能具有广泛性和分散性，涉及每一位员工，因此，酒店首先要重视节能宣传工作，经常向员工宣传国家的能源方针政策、能源形势和具体节能措施。只有提高认识、统一思想，才能组织各方面力量，同心协力做好节能工作。

②加强日常节能管理。加强酒店日常节能管理，杜绝能源的“跑、冒、滴、漏”是最基本、最直接的日常节能管理工作。酒店节能必须从眼前抓起，从小事抓起，从日常管理抓起。

③做好能源基础管理工作。酒店能源基础管理工作的重要内容包括全面计量、统计分析、定额考核和实行奖惩四个环节。这四个环节的核心是定额考核。在完善计量的基础上，建立酒店、部门、机房以及各班组的能源统计台账和统计分析制度，按月、季、年提出能源统计分析报告，为酒店制定节能措施提供可靠

的决策依据。

④开展酒店能量平衡测试。酒店能量平衡测试是反映酒店耗能情况，分析酒店用能水平，查找酒店节能潜力，明确酒店节能方向的重要手段，能为改进能源管理、实行节能技术改造、提高能源利用率提供科学的依据。酒店应根据需要，有重点地开展热能平衡、电能平衡工作。

（2）积极采用先进技术。加强管理固然能提高能源利用率，降低经营成本，但并不能替代技术因素所起的作用。在采用先进技术方面，酒店应做好以下三个方面工作。

①尽可能采用先进的节能设备。酒店是用能大户，必然会有许多耗能设备。目前市场上，某一类具有相同功能的设备，其耗能量会有很大的差别。因此在购买新设备时，必须将其耗能量作为一个重要的考察因素，连同其他因素综合进行评价，也就是既要对引进的技术进行评价，又要考虑该设备的寿命、周期费用是否经济。

②经济地进行技术改造。酒店建成后，有许多设备和系统由于各种原因，在技术上达不到节能的要求。例如，公共场所全部使用白炽灯照明；大面积公共场所照明没有分区控制；一些电机的功率较大，而负荷较小，形成“大马拉小车”的现象；有的酒店用电对重油进行加热，既费电，效果又差；有的酒店蒸汽制备热水后的冷凝水没有回收等。针对上述情况，酒店应有计划地进行技术改造，逐步淘汰能耗大的设备和系统，以达到节能的目的。

③采用先进的能源使用控制系统。采用先进的能源使用控制系统，可以实现对能源使用的精确控制，减少人工控制的不精细和随意性。目前，能源使用控制系统主要用于照明控制、锅炉燃料控制、空调使用控制等领域，节能效果良好。

二、酒店低碳经营

（一）酒店实施低碳经营的必要性

1. 低碳酒店发展潜力巨大

低碳酒店发展的巨大潜力体现在酒店建筑节能的巨大潜力上。如果我们能够坚持走低碳经营之路，那么将有效减少酒店能源消耗，减少碳排放。因此，在节能降耗、减少碳排放方面，酒店是大有可为的。

2. 低碳酒店是时代发展的潮流

酒店每天都会消耗大量的能源，加上因部分宾客不成熟的消费行为而造成的资源浪费，结果非常触目惊心。而我们居住的地球已经屡屡向我们发出资源匮乏的严重警告。因此，作为服务于公众、服务于社会的企业，酒店应该担负起节能减排的重任，走低碳经营之路。

如今，低碳酒店绝不是酒店的一块标牌、一个称谓，而是时代发展的潮流，它对酒店而言更多的是一种职业精神及社会责任感的高度体现。它以一种理念深刻影响着酒店的品格，以一种品格坚定引导着酒店的行为方式。未来几年，将会有很多酒店从追“星”转向追“绿”，创建低碳酒店必将成为当今酒店行业的流行趋势。

3. 响应政府号召，承担社会责任

国务院于2009年颁布的《关于加快发展旅游业的意见》明确提出要倡导低碳旅游方式，实施旅游节能节水减排工程，支持宾馆酒店积极利用新能源新材料，广泛应用节能节水减排技术，实行合同能源管理，实施高效照明改造，减少温室气体排放，积极发展循环经济，创建绿色环保企业。国务院于2016年10月27日发布的《“十三五”控制温室气体排放工作方案》中提出组织开展低碳商业、低碳旅游、低碳企业试点。国务院在2021年12月28日发布的《“十四五”节能减排综合工作方案》中，对“十四五”期间我国节能减排工作提出了明确目标，这些都为酒店的低碳化经营提供了强有力的政策保障。

国家每年都安排节能降耗专项资金，纳入政府财政预算，主要用于节能项目的贴息、补助和对开展节能工作好的单位、企业进行奖励。酒店可以积极申请节能专项资金，加速酒店的低碳化进程。

（二）酒店实施低碳经营的路径

酒店的低碳经营主要是通过低碳设计与改造、低碳运营与管理、低碳产品与服务、低碳形象与营销等路径来实现的。

1. 低碳设计与改造

在规划设计之初，酒店就要悉心导入低碳节能设计，仔细核算低碳节能投入和能耗成本的比较值，尽量一次性地完成设施的低碳节能定位和设计。酒店从筹建开始，就可以利用技术更新、设备投入等措施合理控制能耗，对节能减排的设备设施进行改造。酒店可以将地下室、机房、停车库的日光灯改造成节能灯；对餐厅落地玻璃进行加膜，避免因室内温度上升而引起能耗浪费；制定外围水景景观灯开关时间，安装钟控分时段对其进行控制；对酒店各区域热水器安装钟控，并按照热水器使用情况分时段进行控制；对员工浴室安装智能水控器，对每次洗澡用水进行合理控制。

在建筑节能上可采取的措施：采用墙体保温技术，改善酒店建筑外的热环境，积极采用自然通风的设计；酒店的屋顶应注意隔热处理、酒店的外窗设置有效的遮阳系统，减少酒店建筑的窗墙比，提高建筑门窗的气密性，控制酒店外窗的开启面积；控制酒店建筑的体型系数，对酒店入口进行节能改造，避免内部大空间的设计；酒店建筑积极利用可再生能源等。酒店在内部装修、粉刷中应该采用环保涂料；厨房选用运水烟罩，油烟通过水冷却，使油、水分离，减少大气污染；厨房排污均通过隔油池，使污水在过滤后近似清水排放，同时定期由指定的油污处理单位对隔油池进行清理；餐厅、客房、大厅、走道等区域做好通风工作，以确保酒店内空气清新，符合环保要求；加大酒店内外的绿化覆盖率及室内外水景的维护，努力为宾客创造人、水、阳光、绿地完美结合的自然环境。

酒店行业是率先与国际接轨的行业，许多先进的科学技术都被引入酒店的经营管理活动中，低碳技术也不例外。其中，建筑装修技术和能源消耗技术是运用最多的。比如，通过客房风机盘管冷凝水回收、洗衣机房废水回收、安装智能员工洗澡“一卡通”系统、屋面及室外景观灯采用发光二极管LED灯、采用电脑时钟控制、玻璃幕墙采用太阳隔热膜、生活泵采用节能变频系统、热水循环泵采用节能变频系统等一系列举措，可有效实现酒店的节能减排。

2. 低碳运营与管理

酒店要想在保证客人利益的前提下，做到节能降耗、提高效益，就必须采取措施保证酒店的低碳运营与管理。《酒店低碳运营100条》中对于减少能源浪费、水资源使用、能源计量、节能管理与操作、建筑节能、设备选型与管理、节能宣传和培训等方面都给出了具体的建议和措施，酒店应该积极贯彻实施这些低碳运营与管理的举措，提高酒店低碳经营的水平。除此之外，酒店还可以发动全体员工为低碳经营献计献策，结合酒店自身实际采取有效的低碳运营与管理手段。

对于由人为因素造成的能源损耗，酒店可以通过制定制度，加大节能巡检力度，增强员工节能意识。比如，制定酒店空调开关机制度，办公区域提倡无纸办公，通过企业邮箱或通信软件传发各类文件及文档，对于必要的办公用纸提倡两面使用，同时将“人走灯灭”工作落实到位；另外，可在酒店各区域安装智能计量设备，对能源使用情况进行分析，并下达计划指标进行考核，减少不必要的能源浪费。

在酒店的日常工作中，很多小的举动就可以降低能源的消耗。比如，减少计算机、传真机、复印机、饮水机等设备的待机时间，在工作结束后及时关闭办公室的所有电器设备，不让办公室电器设备处于待机状态；餐厅服务员在收台时只开启工作灯，关闭装饰灯，改进以往浪费能源的操作习惯；减少电梯的使用，要求员工徒手时上两层下三层不乘坐电梯；驾驶员夏天出门等人时，下车到附近避热，坚持不在车上开空调以节约汽油；等等。这些举措看似微不足道，但细水长流，节约的能源将是非常可观的。况且低碳理念提倡的是一种崭新的生产方式和消费方式，它将深刻地改变人们的生活。因此，酒店应该积极行动起来，鼓励员工为节能降耗集思广益，提出更多节能的“金点子”，并将这些措施落实到工作和生活中，以对酒店的节能降耗起到实质性的作用。

3. 低碳产品与服务

开发低碳产品与服务是推进酒店开展低碳经营的重要内容。以低能耗、低污染、低排放为核心，努力开发低碳餐饮、低碳客房和低碳服务是酒店实现低碳经营的必由之路。

在餐厅，可以在点菜区设立低碳食品展台，倡导客人享用农家菜，引导客人进行低碳消费；不使用泡沫塑料包装，采用可降解包装盒；不使用一次性毛巾；客人用餐后，鼓励其将剩下的饭菜打包，没有喝完的酒水可储存于酒店，下次光临时使用，珍惜粮食资源；禁止在酒店销售各种野生保护动物。

提倡住店两天以上的客人，被单、枕套、浴巾等不必每天更换，一次性用具减少更换，节约水电，降低洗涤污染；设置废旧电池回收箱，回收废电池；将塑料小包装洗头液和沐浴液，改换成瓶装洗液，考虑客人的需求量；为了让酒店提供的低碳服务以及提倡的低碳消费得到客人的响应，酒店可以在每间客房写字台上摆放诸如《低碳酒店倡议书》之类的小册子，让每个宾客都参与到低碳行动中来。这样，每个人的参与都会为酒店、为环境、为个人带来有益的回报。

4. 低碳形象与营销

在树立低碳形象上，酒店需要在理念识别、行为识别和视觉识别等方面采取行之有效的措施。可以在整个酒店前、后台区域张贴摆放节能、环保宣传标语，增强员工及宾客的低碳环保意识，营造低碳氛围。在对酒店新入职员工的培训上，可以专门设立一门关于酒店低碳经营介绍及低碳酒店相关知识的培训课，让每位到岗员工在上岗前对低碳酒店有个基本了解，增强新员工在上岗服务中主动向宾客提供低碳服务及引导宾客低碳消费的意识。同时，让宾客了解低碳酒店意义，支持酒店低碳经营的开展，并能共同参与低碳经营。酒店可以定期召开低碳经营工作会议，对低碳经营过程中遇到的问题进行互相探讨及学习，从而解决问题，推进酒店低碳经营活动的开展。不定期组织关于酒店低碳经营及低碳酒店相关的知识竞赛，提高员工对低碳酒店的认知度，使之把学到的知识融入服务中，把酒店的低碳形象展示给宾客。

在低碳营销方面，酒店可以在前台制作关于酒店低碳经营的相关宣传资料，对主动选择酒店低碳产品（如无烟客房、绿色菜品等）的宾客进行积分奖励，达到一定积分，酒店将免费为宾客升级入住绿色无烟客房及赠送酒店免费的低碳体验券。酒店要在原环保奖励计划的基础上，进一步加强宣传，每季度组织一次招待酒会，参加人员由老客户及积极参与酒店绿色低碳消费的忠实宾客组成，在回馈老客户的同时，也给酒店推广低碳提供一个宣传的平台，让更多客户参与低碳行动。

第七章 绿色人力资源管理

第一节 绿色人力资源的战略

一、绿色人力资源战略的内涵

（一）绿色人力资源战略的含义

绿色人力资源战略是企业人力资源在战略层次方面的长远规划，即企业根据内部和外部环境分析，确定企业目标，从而制定绿色人力资源管理目标，进而通过各种人力资源管理职能活动实现企业目标和绿色人力资源目标的过程。对绿色人力资源战略的含义进行分析，可以发现其包含以下几个方面的内涵。

第一，绿色人力资源战略是低碳化的战略，即绿色人力资源战略的制定与实施要以绿色人力资源管理活动中所蕴含的“经济节约”的低碳理念为指导。

第二，绿色人力资源战略是生态化的战略，即绿色人力资源战略的制定与实施要以绿色人力资源管理关系中的“和谐并存、互利互赢的共存理念”为指导，以确保企业内部能够形成和谐的人际关系，企业外部能形成共存的互助关系。

第三，绿色人力资源战略是能力化的战略，即绿色人力资源战略的制定与实施要以绿色的人力资源管理理念为基础，确保员工能充分发挥自己的能力，为企业的绿色发展作出贡献。

（二）绿色人力资源战略的类型

绿色人力资源战略从不同的角度，可以划分为不同的类型。下面介绍几种常用的划分方法。

1. 从控制的角度进行划分

从控制的角度来看，绿色人力资源战略可以划分为以下几类。

（1）吸引战略。所谓吸引战略，就是自己不培养人才，通过丰厚的报酬去吸引人才，由此形成一支稳定的、高素质的人才队伍。在这种战略下，吸引员工的是高薪酬、高福利，从而可能使企业的人工成本上升。因此，企业往往会严格控制员工人数，并力求吸引的员工都是高度专业化的和高质量的，以减少对员工的培训费用。另外，吸引战略在管理上采取以单纯利益交换为基础的严密的科学管理模式，企业强调员工对目标的承诺，员工往往被要求做繁重的工作，流动率较高。通常来说，企业在处于激烈的竞争环境中时，常常采取此种战略。

（2）投资战略。所谓投资战略，就是通过聘用数量较多的员工形成备用人才库，储备多种专业技能人才，提高企业的灵活性。这种战略主要培养良好的劳动关系，并注重员工能力的开发和培训。但是，管理人员要承担较多的责任，确保员工得到所需的各项技能、资源和支持。因此，企业在采取此种战略时，主要是将员工视为投资对象，希望与员工保持较长时间的合作关系，注重培养员工的归属感。而员工在这样的企业中，会感觉到较好的工作保障，因而很少会出现流动现象。

（3）参与战略。通常来说，采用这种战略，企业注重谋求员工在工作中有较高的自主权，并在企业决策中有很多的参与机会和很大的权利。因此，在此种战略之下，管理人员要像教练一样帮助员工，及时、主动地给员工提供咨询和指导。另外，采用这种战略的企业很注重团队建设、自我管理和授权管理，并注重对员工的沟通技巧、解决问题的方法、团队工作等技能方面的培训。

2. 从时间长短的角度进行划分

从时间长短的角度来看，绿色人力资源战略可以分为以下几类。

（1）累积型战略。累积型战略是基于员工最大化参与及技能培训，开发员工的能力、提高员工的技能、增加员工的知识和挖掘员工的最大潜能。具体而言，这一战略具有以下几个特点。

第一，用长远观点看待人力资源管理，注重人才的培训，通过甄选来获取合适的人才。

第二，以终身雇用为原则，以公平原则来对待员工，员工晋升速度慢。

第三，薪酬是以职务及年功为依据，但高层管理者与新员工之间的工资差距应保持合理，以反映职位和经验的差异。

（2）效用型战略。对于那些具有岗位所需技能且立即可以使用的员工，注重员工的能力、技能和知识与工作的匹配。具体而言，这一战略具有以下几个特点。

第一，用短期的观点来看待人力资源管理，很少提供培训。

第二，企业职位一有空缺随时进行填补，非终身雇用制。

第三，员工晋升速度快。

第四，采用以个人为基础的薪酬方案。

（3）协助型战略。协助型战略介于累积型和效用型战略之间，个人不仅需要具备技术性的能力，而且在同事之间还要有良好的人际关系。在培训方面，员工负有学习的责任，企业只是提供协助。该战略基于新知识的创造，鼓励员工的自我开发。

（三）绿色人力资源战略的影响因素

绿色人力资源战略的影响因素，具体来说有以下几个。

1. 制度政策因素

企业在制定绿色人力资源战略时，不可避免地会受到制度与政策的制约。也就是说，企业所制定的绿色人力资源战略必须与国家的相关制度及政策相符合，而且必须具有合法性。只有这样，企业所制定的绿色人力资源战略才有实现的可能性，继而促使企业的人力资源管理工作不断获得成效。

2. 企业自身因素

企业自身也是影响企业绿色人力资源战略的一个重要因素，具体包括以下几方面的内容。

第一，企业的规模以及在行业中所处的地位。

第二，企业所具有的资源以及资源的丰富程度。

第三，企业内部关系的复杂程度。

第四，企业所拥有的外部关系以及处理情况。

3. 环境因素

影响企业绿色人力资源战略的环境因素，具体来说有以下两个。

（1）外部环境。

第一，行业的成熟度。

第二，行业内竞争的性质和密度。

第三，行业内的资源限制。

第四，行业内技术变革的类型、程度以及可预测性。

（2）市场推动力。这里所说的市场推动力，包括劳动力市场和产品市场两个方面。企业面临的产品市场的全球化竞争程度越高，采用战略性绿色人力资源措施的可能性就越大。

4. 技术因素

技术因素对企业的影响，主要表现在两个方面：一方面，技术的进步会使企业具有更强的竞争力；另一方面，技术的进步会使企业的工作性质发生一定的改变，继而对企业员工的素质与能力提出更高的要求。如此一来，企业对人力资源的要求也会发生一定的变化。因此，技术是绿色人力资源的一个重要影响因素。

二、绿色人力资源战略的制定

企业要有效落实所制定的企业战略，必须从战略上重视人力资源开发与管理，制定相应的人力资源战略以支撑企业战略，使企业能够适应环境变化，获得可持续发展。

（一）绿色人力资源战略制定的方法

企业在制定绿色人力资源战略时，可以借助以下两种有效的方法。

1. 目标分解法

目标分解法是根据企业发展战略对人力资源开发与管理的要求，提出绿色人力资源战略的总目标，然后将此目标层层分解到部门与个人，形成各部门与个人的目标与任务。

这种方法的优点：战略的系统性强，对重大事件与目标的把握比较准确、全面，对未来的预测性较好。

这种方法的缺点：战略易与实际相脱节，容易忽略员工的期望，过程烦琐，不易被一般管理人员掌握。

2. 目标汇总法

目标汇总法是目标分解法的逆向过程。它首先是部门与每位员工讨论、制定个人工作目标。在目标制定时充分考虑员工的期望与组织对员工的素质、技能、绩效要求，提出工作改进方案与方法，规定目标实施的方案与步骤，然后由此形成部门目标，最后由部门目标形成组织的绿色人力资源战略目标。

这种方法的优点：目标与行动方案非常具体，可操作性强，并充分考虑员工的个人期望。

这种方法的缺点：全局性较差，对重大事件与目标及未来的预见能力较弱。

（二）绿色人力资源战略制定的流程

通常而言，绿色人力资源战略的制定是一个从外到内、再由内到外的制定过程，其核心流程包括战略环境评估、战略制定和战略整合三个阶段。

1. 战略环境评估阶段

在战略环境评估阶段，需要做好以下两个方面的工作。

（1）分析和明确企业战略。分析和明确企业战略是制定绿色人力资源战略的第一步，即企业所制定的绿色人力资源战略要切实以企业战略为前提和基础，充分反映企业的战略导向。

（2）进行人力资源环境扫描。环境扫描主要是考察企业内部和外部环境，以获取可能对企业未来人力资源管理产生影响的信息。其中，企业内部环境主要靠企业的研究与开发、制造、市场营销等对企业的价值增值产生影响的环节，也包括企业文化、资本、技术、员工状况等信息。企业外部环境主要包括外部宏观环境和对企业产生影响的竞争者、供应商、顾客等市场主体。

2. 战略制定阶段

在明确了企业战略并进行环境扫描之后，就可以制定绿色人力资源战略了。在这一阶段，需要做好以下两个方面的工作。

（1）选择制定战略的方式。针对企业战略，制定绿色人力资源战略的方式主要有以下几种。

第一，整合式。整合式是指绿色人力资源战略与企业战略一同制定。优点是整体性强；缺点是难以协调各种资源，并且难以达到完备性，通常在企业兴办之初使用。

第二，并列式。并列式是指分头进行战略制定。优点是灵活，时间好掌控；缺点是难以与主体战略相衔接，甚至会背道而驰。

第三，独立式。独立式是指只做绿色人力资源战略，而不参与企业战略，由人力资源部门自行操作，往往在企业战略比较明确之后才可以采用。

（2）盘点企业的人力资源现状。在确定了绿色人力资源战略的制定方式后，就需要对企业人力资源进行盘点，既要进行静态盘点，包括性别结构、年龄结构、人员配置图、职务结构、职称结构、专业结构等，也要进行动态盘点，包括流动率、晋升率、员工满意度、各岗位能力评估、继任计划等。根据人才盘点情况，结合对人才需求的预测，制定出相关政策与措施的指导原则，包括考核制度、薪酬制度、用人制度等。

3. 战略整合阶段

绿色人力资源战略的最终形成，必须通过战略整合。这里所说的战略整合，包括纵向整合和横向整合两个方面。

（1）纵向整合。纵向整合是指人力资源管理与组织战略的整合，强调在组织战略形成时人力资源的参与，人力资源管理应成为战略方案制订、选择中的一个最重要的因素。

（2）横向整合。横向整合是指人力资源管理实践与各项职能之间的整合，强调人力资源的各项政策作为一个整体进行战略整合。这些政策之间应具有内部一致性。例如，企业如果调整了薪酬发放方式，相应的招聘、培训、绩效考核等人力资源管理实践也应调整。

三、绿色人力资源战略的实施

（一）绿色人力资源战略的实施方式

就当前来说，绿色人力资源战略的实施方式主要有以下三种。

1. 指令型的实施方式

指令型的实施方式主要依赖于企业最高管理层对于人力资源战略规划的确认。执行人员不能提出具体建议，缺乏实施的积极性和创造性。但由于决策权的集中，战略可以根据环境变化进行调整，具有很大的灵活性。

2. 指导型的实施方式

在指导型的实施方式中，高层领导具有最终决策权，其具体实施依赖组织机构、组织激励和系统控制。这种整体行为可能会使战略对外界环境变化的反应迟缓。

3. 合作型的实施方式

在合作型的实施方式中，高层领导仍具有最终决策权，但具体实施方案的产生需要由企业管理层乃至作业层共同决定。由于该战略是由企业大部分员工参与制定的，因此能够调动员工的积极性和创造性，但不能及时对发生偏差的战略与规划进行调整。

（二）绿色人力资源战略实施的注意事项

企业在实施绿色人力资源战略时，要想收到良好的成效，需注意以下几个方面。

第一，在绿色人力资源战略的实施过程中，企业要注意对组织结构进行调整，以保证战略与规划目标的实现。

第二，企业要将绿色人力资源战略的目标分解到部门和个人，使每个部门和员工都有实施的目标、方向和责任，并积极引导企业全体部门和员工参与到战略的实施之中。

第三，企业要注意对人、财、物等各种资源进行优化配置，以保证绿色人力资源的顺利实施。

第四，在绿色人力资源战略执行过程中，企业要根据企业战略的变化、人力资源战略环境的变化进行适时的调整，要监控战略实施过程中的偏差，及时对其调整，同时也要对企业的文化进行调整，以适应战略的实施。为此，企业要重视对绿色人力资源战略的评价，即在绿色人力资源战略的实施过程中，寻找战略与现实的差异，发现战略的不足之处，及时调整战略，使之更符合组织战略与实际的过程。通常来说，评价绿色人力资源战略需要从两个方面着手：一是评价人力资源政策与企业战略和目标的协调一致性；二是判断这些一致性的政策最终对企业的贡献程度。

第五，在绿色人力资源战略执行完毕后，企业要根据实施情况进行记录和汇总，以便人力资源部门及时发现存在的问题并加以调整。

第二节　绿色人力资源的规划

一、绿色人力资源规划的含义

绿色人力资源规划是企业绿色人力资源战略的重要组成部分，也是企业开展绿色人力资源管理工作的依据。绿色人力资源规划是企业根据绿色人力资源战略的发展目标与任务要求，科学地预测、分析企业自身在变化环境中的人力资源供给与需求情况，制定必要的政策与措施，以确保组织在需要的时间和需要的岗位上获得各种需要的人力资源（包括数量和质量两个方面）的过程。对绿色人力资源规划的这一含义进行分析，可以发现其包含以下几个方面的内涵。

（一）绿色人力资源规划是目标与过程的统一

绿色人力资源规划的目标是确保组织在恰当的时间拥有合适的人员，其侧重于发现和发掘组织所需人才，既体现为一种目标，又体现为一种过程，是目标与过程的统一。此外，绿色人力资源规划要求组织对未来发展所需的人才类型、数量、素质、结构等作出规划，同时选择开发方式，明确实施计划，确立组织体系和建立评价制度等。

（二）绿色人力资源规划是稳定性与动态性的统一

绿色人力资源规划作为企业人力资源管理活动的依据，只有具备一定的稳定性，才能使组织在选人、用人、育人、激励人以及留人的过程中有据可依，才能使组织的发展具有可持续性。但是，当组织对发展战略作出适度调整或组织内外环境发生明显变化时，所制订的绿色人力资源规划也要随之发生变化和作出调整，以适应企业战略和环境要求。

（三）绿色人力资源规划是组织发展与个人利益的统一

企业在制订绿色人力资源规划时，要特别注意两个方面。

一方面，企业所制订的绿色人力资源规划，要能够使员工充分发挥自己的工作积极性和提高自己的工作能力，促使企业的劳动效率不断提高，继而推动企业不断发展。

另一方面，企业所制订的绿色人力资源规划，要以员工的需求和利益为前提，切实满足员工的需求，为员工带来一定的利益，最终帮助员工实现自己的目标与价值。

（四）绿色人力资源规划注重人力资源需求与供给的平衡

企业在进行绿色人力资源规划时，需要做好两方面的活动。一是企业要根据自身的发展情况、行业和市场的发展状况，明确自己在特定时期内的供给和需求，即对人员供需情况进行预测。二是企业在对人员供需情况进行预测后，需要积极采取有效的措施，确保人员的供给与需求能够达到平衡。从这一角度来说，企业进行绿色人力资源规划的目的便是实现人力资源的供需平衡。

一般而言，企业预测特定时期内的人力资源需求与供给状况时，既需要注重人力资源的数量，也需要注重人力资源的质量，而且人力资源的质量比数量更为重要。因此，人力资源的供需平衡不仅包括数量上的平衡，更重要的是质量上的平衡，即结构上匹配。对于后者，很多企业都容易忽视，继而导致企业的发展受到一定的限制。

二、绿色人力资源规划的内容

绿色人力资源规划从内容方面来说，包括两个层面：一是总体规划，二是各项业务计划。

（一）绿色人力资源总体规划

绿色人力资源总体规划就是企业以自身制定的总体战略目标为依据，统筹规划企业在一定时期内的人力资源管理总目标、总方针、总政策等。只有明确了绿色人力资源总体规划，才能进一步制订绿色人力资源各项业务规划。

通常来说，在企业的绿色人力资源总体规划中，应包括以下几项内容。

第一，从总体上对企业战略规划期内人力资源的需求状况进行明确，并从总体上对各种人力资源进行合理配置。

第二，从总体上阐明企业在人力资源方面的相关政策与方针，涉及员工招聘、员工培训、员工职位晋升、员工奖惩、员工薪酬福利等方面。

第三，从总体上对人力资源的投资与回报进行科学预算。

（二）绿色人力资源各项业务计划

绿色人力资源各项业务规划是绿色人力资源总体规划的重要组成部分，是对绿色人力资源总体规划的展开和具体化，其执行结果应能保证绿色人力资源总体规划目标的实现。具体来说，绿色人力资源业务规划包括以下几个方面的内容。

1. 人员获取计划

人员获取计划是根据外部人力资源市场和内部职位空缺、能力和资源情况而制订的人员补充计划。一般来说，人员获取计划包括企业适合的人员规模、空缺人数、招聘计划、选拔、甄选和测试流程以及对其进行的预算。

2. 绩效计划

绩效计划可以根据责任主体的不同层次进行划分，包括公司层面的绩效计划、部门层面的绩效计划以及个人层面的绩效计划。

绩效计划按期限可以分为年度绩效计划、季度绩效计划和月度绩效计划等。其中，季度绩效计划和月度绩效计划的制订要以年度绩效计划为基础。

绩效计划的内容具体包括绩效目标、绩效周期、绩效评价内容、绩效考核指标及衡量标准、绩效评价方法、绩效反馈、绩效面谈、绩效结果的应用等。

3. 薪酬激励计划

薪酬激励计划对于确保企业的人力成本和调动企业人员的积极性都具有重要作用。薪酬激励计划包括薪酬结构、薪酬水平、工资数额和福利项目等方面的薪酬政策制定，同时包括未来一段时期的激励措施（如激励方式的选择等）和激励政策的制定。

4. 晋升计划

晋升计划是根据企业目标、人员分布状况和层级结构制订的员工职务提升方案。晋升计划对于调动员工的工作积极性和提高人力资源利用率是非常重要的。

晋升计划的内容主要包括确定人员选拔的标准、资格，晋升比例以及对未被提拔的资深人员的安置等政策，通过这些政策改善企业人力资源结构，确保企业发展后继有人。

5. 培训开发计划

培训开发计划是企业通过有计划地对员工进行培训，引导员工的技能发展与企业的发展目标相适应的策略方案。企业通过培训与开发可以有效地提高员工的整体素质，转变企业员工的工作作风和态度，为企业发展储备人才，为提高企业价值作出贡献。

通常来说，培训开发计划包括人员培训与开发目标、受训人员数量、培训内容、培训方式方法、培训效果及评价、培训费用预算等内容。

6. 职业生涯计划

员工的职业生涯计划既是员工个人的发展计划，也是企业人员规划的有机组成部分。一个人的成长与发展只有在组织中才能实现，因而个人的成长与发展不仅是个人的事，也是企业必须关心的事。一般情况下，企业不可能也没必要为所有的员工都制订职业计划，职业计划的主要对象应是企业的骨干和那些具有发展潜力的员工。

7. 劳动关系计划

劳动关系计划是关于如何减少和预防劳动争议，改进劳动关系，增进员工保护的计划。劳动关系计划要制定出企业员工参与管理、加强企业各层级沟通等政策，以此改善企业干群关系，减少企业员工的投诉和不满。

三、绿色人力资源规划的环节

企业在制订绿色人力资源规划时，必须根据社会环境状况、企业的战略规划、企业的组织结构和工作分析，以及企业内部现有的人力资源使用状况，处理好企业人力资源的供求平衡问题。具体而言，企业绿色人力资源规划的制订需要经过以下几个环节。

（一）收集信息阶段

在这一阶段，主要是对企业所处的社会环境状况、企业的结构和企业内部的人力资源使用状况进行调查，以取得第一手信息资料，为绿色人力资源规划的制订打下良好的基础。具体来说，在这一阶段需要收集的信息有以下两个。

1. 企业外部环境信息

在收集企业外部环境信息时，要特别侧重以下几个方面。

第一，宏观经济形势和行业经济形势。

第二，技术的发展情况。

第三，行业的竞争性。

第四，劳动力市场的状况。

第五，人口和社会发展趋势，以及政府的有关政策。

2. 企业内部信息

企业内部信息主要有企业领导变更、技术的更新换代、企业战略、企业人力资源现状等。其中，在企业战略中，企业经营战略要予以高度重视，它是制订绿色人力资源规划的前提。企业的经营战略主要包括战略目标、产品组合、市场组合、竞争重点、经营区域以及生产技术等，这些因素的不同组合会对人力资源规划提出不同的要求，产生不同的影响。因此，在制订绿色人力资源规划时，必须了解与企业经营战略有关的信息。

此外，企业在制订绿色人力资源规划时，必须对企业现有的人力资源状况进行分析，具体包括企业现有员工的基本状况、员工具有的知识与经验、员工具备的能力与潜力开发、员工的普遍兴趣与爱好、员工的个人目标与发展需求、员工的绩效与成果、企业近几年人力资源流动情况、企业人力资源结构与现行的人力资源政策等。在此基础上，要注意找出现有人力资源与企业发展要求的差距，并通过充分挖掘现有的人力资源潜力来满足企业发展的需要。

（二）人力资源预测阶段

在进行人力资源预测时，需要从两方面着手：一是人力资源需求的预测，二是人力资源供给的预测。

（三）制定规划阶段

企业绿色人力资源规划的制定是基于以上获得的信息来开展的，是与企业的发展战略相匹配的人力资源总体规划。

人力资源部门要把预测出的人力资源需求与在同期企业内部可供给的人力资源进行对比，从比较中预测出各类人员的净需求数。若这个净需求数是正的，则表明企业要求招聘新的员工或对现有的员工进行有针对性的培训；若这个需求数是负的，则表明组织在这方面的人员是过剩的，应该精减或对员工进行调配。需要说明的是，这里所说的“净需求”既包括人员数量，也包括人员结构、人员标准；既要确定“需要多少人”，又要确定“需要什么人”，数量和标准需要对应起来。

在确定了企业未来人力资源的剩余和缺额的基础上，便可以制订出具体的、切合实际的绿色人力资源规划。一个典型的绿色人力资源规划应包括规划的时间段、规划达到的目标、规划的情景分析、规划的具体内容、规划的制定者和规划的制订时间等内容。

1. 规划的时间段

规划的时间段是要确定规划时间的长短，具体列出从何时开始，到何时结束。若是长期的绿色人力资源规划，可以长达5年以上；若是短期的绿色人力资源规划，如年度人力资源规划，则为1年。

2. 规划达到的目标

具体的数据，同时要简明扼要。

3. 规划的情景分析

情景分析包括目前情景分析和未来情景分析两个方面。其中，目前情景分析主要是在收集信息的基础上，分析组织目前人力资源的供需状况，进一步指出制订该规划的依据；未来情景分析是在收集信息的基础上，在规划的时间段内，预测组织未来的人力资源供需状况，进一步指出制订该规划的依据。

4. 规划的具体内容

具体内容是绿色人力资源规划的核心部分，主要包括以下几个方面。

第一，与企业的总体战略规划有关的绿色人力资源规划目标、任务的详细说明。

第二，企业有关绿色人力资源管理的各项政策、策略及有关说明。

第三，企业业务发展的人力资源计划。

第四，企业员工招聘计划、升迁计划。

第五，企业人员退休、解聘、裁减计划。

第六，员工培训和职业发展计划。

第七，企业管理与组织发展计划。

第八，企业人力资源保留计划。

第九，企业生产率提高计划。

第十，计划的执行时间、负责人、检查人、检查日期和预算。

5. 规划的制定者

企业绿色人力资源规划的制定者，可以是一个人，也可以是一个部门。

6. 规划的制订时间

这里所说的规划制订时间，就是该规划正式确定的日期。

（四）实施规划阶段

一个好的规划，只有在实践中才能得到检验，而要想规划的实施取得良好的效果，则需要特别注意以下几个方面。

第一，必须有专人负责既定方案的实施，要赋予负责人保证绿色人力资源规划实现的权力和资源。

第二，要确保负责人不折不扣地按规划执行。

第三，在实施前要做好准备。

第四，实施时要全力以赴。

第五，定期报告实施进展状况，以确保规划能够与环境、组织的目标保持一致。

（五）评估、反馈与修正阶段

对绿色人力资源规划进行评估，是制订绿色人力资源规划的一个重要阶段。实际上，如果不对绿色人力资源规划进行评估，就很难知道所制订的规划是否正确、是否与企业的战略目标相吻合、是否能有效地指导企业的人力资源开发与管理。因此，在实施绿色人力资源规划时，要进行定期与不定期的评估。在这一过程中，要特别注意以下几个方面。

第一，企业的决策者对于绿色人力资源规划的重视程度和企业的决策者、管理者对于绿色人力资源规划的利用程度，即明确企业是否忠实执行了本规划。

第二，绿色人力资源规划的制定者和使用绿色人力资源规划的各业务部门领导者之间的工作关系。

第三，企业在规划期内实际招聘的人员人数与绿色人力资源规划中预测需求人数的比较。

第四，企业在规划期内实际的人力资源流动情况与绿色人力资源规划中预测的流动情况的比较。

第五，在规划期内，企业的劳动生产率的实际提高水平与绿色人力资源规划中的高水平的比较。

第六，在规划期内，实施规划中的行动方案后的实际结果与规划中的预测结果的比较。

第七，实际的行动方案中的劳动力成本与规划中预测的成本的比较。

对绿色人力资源规划进行反馈与修正，也是绿色人力资源规划过程中不可缺少的步骤。评估结果出来后，应进行及时的反馈，进而对原规划的内容进行适时的修正，使其更符合实际，更好地促进组织目标的实现。

第三节　绿色人力资源的招募与录用

一、绿色人力资源的招聘

任何竞争归根结底是人才的竞争。随着经济的发展，对人才的需求也越来越强烈，组织要发展就必须不断地吸纳人才。人力资源招聘已经成为组织对人力资源需求不可或缺的一个重要途径。组织通过人力资源招聘挖掘到适合组织发展的人才，从而实现了人力资源的有效配置。

（一）绿色人力资源招聘的内涵

1. 绿色人力资源招聘的含义

招聘是指企业吸引应聘者，并从中选拔、甄选、录用企业需要的人选的过程。招聘最直接的目的是弥补企业人力资源的不足，这是招聘工作的前提。

人力资源招聘是指组织根据人力资源发展规划和工作分析所确定的本组织人员数量和质量的需求情况，按照一定的程序和方法、募集、挑选并录用具备资格条件的求职者担任一定职位的过程。

绿色人力资源招聘是一项较为复杂的活动过程，它需要确定企业人员需求的基本信息，通过各种渠道发布人员需求信息，需要招聘者收集并筛选应聘者的详细资料，科学甄选能够与不同岗位要求相匹配的候选人，对选中人员进行合理的安置和录用等，以实现能岗匹配。

人力资源招聘应符合国家的有关法律、政策和企业利益，符合企业人力资源规划和职务的要求，在招聘中应坚持平等就业，确保录用人员的质量，同时努力降低招聘成本，提高效率。

2. 绿色人力资源招聘的意义

招聘工作是人力资源管理中的基础性工作，它对于企业绿色人力资源的结构形成、管理及开发起着至关重要的作用，招聘与选拔的质量直接影响企业人才资本的质量，是绿色人力资源质量管理和控制的第一关，具有非常重要的意义。

第一，招聘是企业生存发展的重要前提。对于企业来说，无论是新成立的企业还是处于运营阶段的企业，员工是第一重要的，只要有员工在，企业就可以再生或生存，而员工是通过招聘渠道才能实现的，人力资源招聘是企业生存发展的重要基础。

第二，人力资源招聘是企业获取人力资源的主要途径。在企业发展过程中，人力资源的状况总是在不断地发生变化。随着企业发展状况的不同，面对外部竞争环境的改变，企业竞争战略的调整，企业对人力资源的需求也会发生变化。企业需要在不同时期获取不同的人力资源。无论是从外部补充新的员工，还是从内部进行人力资源的再配置，都需要通过规范的招聘程序来更好地满足企业对人力资源的需求。

第三，人力资源招聘能够为企业注入新的活力。通过招聘，为组织内部配置新的员工，新员工在新的工作岗位上能够给组织带来新的行动理念、新的管理思想和新的工作模式，有利于促进企业的制度创新、管理创新和技术创新。尤其是从外部招聘的人才，不但可以弥补企业内部人力资源数量的不足，还能为企业注入新生力量，从而增强企业的创新能力。

第四，招聘工作有助于促进企业人力资源的合理流动。良好的招聘活动必须达到“7R”的基本目标，即恰当的时间（Right Time）、恰当的范围（Right Area）、恰当的来源（Right Source）、恰当的信息（Right Information）、恰当的成本（Right Cost）、恰当的方法（Right Methods）和恰当的人选（Right People）。以“7R”为基本目标的招聘系统能促进员工通过合理流动找到适合的岗位，更好地调动员工的积极性、主动性和创造性，使员工的能力得以充分的发挥。同时，有效的招聘系统是企业人力资源的动态调节机制，能在企业内部形成良性竞争和人员的优胜劣汰，在一定程度上促使在岗员工主动适应岗位需求的变化。

第五，人力资源招聘有利于宣传组织。从组织外部看，一次成功的招聘活动就是一次成功的公关活动，是一次非常好的企业形象宣传机会。从招聘信息的发布到最终人力资源的录用，都为公众和应聘人员提供了一次了解组织和展示组织形象的机会。在招聘过程中，企业利用各种渠道和各种形式发布招聘信息，除了能吸引更多的求职者外，还能让外界更好地了解企业。有些企业以高薪、优厚的待遇和精心设计的招聘过程来表明企业对人才的渴求和重视，以显示企业的实力。

第六，招聘是提高企业核心竞争力的重要途径。现代企业竞争的实质是人力资源的竞争，有效的招聘过程才能确保录用人员的质量。招聘工作既关系高质量的人力资源的形成，也直接影响着企业人力资源管理其他环节工作的开展。拥有了高素质的员工队伍，才能保证提供高质量的产品与服务，企业的核心竞争力归根结底是企业人力资源的竞争力。

第七，有效的人力资源招聘可以减少企业培训的负担。管理经营的实践告诉我们：新招聘人员的素质高低决定着其本人今后工作的绩效好坏，新招聘人员的素质，犹如制造产品的原材料，将严重影响今后的培训及使用效果。如果新招聘的员工素质较高，则后续的培训与开发工作就会少花精力、少花成本，培训效果会较好，并很可能成为优秀的人才，而相应的绩效管理工作也会进行得比较顺利，较少出现绩效考评方面的矛盾。如果新招聘的员工素质较低，在培训及思想教育方面要投入很多，还不一定能培训成优秀人才。

（二）绿色人力资源招聘的主要方式

人力资源招聘需要通过一定的方式完成，其主要方式包括内部招聘和外部招聘两种。这两种招聘方式在具体选择方面并不存在孰优孰劣，一般来说，两种招聘方式相结合效果会更佳。

1. 内部招聘

在运用内部招聘时，应该了解内部招聘的来源、方法，把握内部招聘的优缺点，这样才能有效地运用该种方法，实现绿色人力资源招聘的目标。

（1）内部招聘的来源。内部招聘主要是从组织内部进行人才选拔，通常通过内部提拔、内部公开招募、工作轮换、重新聘用等渠道来完成。内部提拔就是让企业内部符合条件的员工从一个级别较低的岗位晋升到一个级别较高的岗位。内部公开招募是面向企业全体人员的，其通常做法是企业在内部公开空缺岗位，吸引员工来应聘。工作轮换是指当企业中出现人员空缺的岗位时，将与空缺岗位同层次员工调去工作的过程。重新聘用是对由于某些原因不在位的员工如下岗人员、长期休假人员的重聘。

（2）内部招聘的方法。在进行人员内部招聘时，一般采用以下两种方法。

第一，布告法。布告法是在确定了空缺岗位的性质、职责、要求的情况下，将这些信息以布告的形式，公布在企业内部的墙报、布告栏、内部刊物、企业网站等信息交换或发布媒介上，尽可能使全体员工都能获得信息。

第二，推荐法。企业有人员需求的时候，可以让内部员工根据企业的职位空缺来推荐自己熟悉的人员，所推荐的人必须能够胜任该职位，而且被推荐的人也要接受人力资源部门和用人部门的考核与甄选。这种方法便于企业的决策，成功概率很大。

总之，内部招聘有利于鼓舞员工士气，提高员工工作热情，调动内部员工的积极性；有利于保证选聘工作的正确性；有利于使被聘者迅速展开工作；有利于内部资源的充分利用。但要注意，这种方法如果运用不当容易引起同事的不满，或者造成“近亲繁殖”、抑制创新的情况，也可能会出现人岗不匹配的情况，这对组织活动的正常进行以及组织的发展是极为不利的。

2. 外部招聘

与内部招聘相对应的就是外部招聘，外部招聘与内部招聘一样，有一定的招聘来源和方法。

（1）外部招聘的来源。

第一，高等院校。高等院校是培养大批年轻的、具有较高素质的、潜在的专业人员以及技术人员和管理人员的主要场所。

第二，重新就业人员。对于那些经历过失业或职业转换的人员，他们可能更加珍惜新的工作机会，展现出更高的工作热情和忠诚度。企业可以通过提供再培训和职业发展机会，帮助这些人员适应新的工作环境，同时增强他们对企业的属感。

第三，竞争对手和其他单位。对于需要相关专业工作经验的岗位来说，用人单位可以考虑通过正常合法的途径，从同一行业或同一地区的其他单位招聘人才，有时甚至从竞争单位“挖人”，这种方式也构成了外部招聘的来源。

第四，老年群体。包括退休员工在内的老年群体是宝贵的招聘来源。老年群体虽然体质、体力可能下降，但具有年轻人不具备的丰富的工作经验和经历，而且大部分老年人的生活压力较小，因此，他们对薪资待遇的要求往往并不是很高。

第五，自由雇用者。对于要求具备企业内部技术、专业管理技能或者企业专门知识的各种工作来说，自由雇用者也是一种可供选择的来源。

第六，退伍军人。由于退伍军人有真实的工作经历，个人品质可靠，具有身体强健、意志力坚定、纪律性强等特点，因此，也是企业选择员工的一个非常重要的来源渠道。

（2）外部招聘的方法。外部招聘可以采用多种招聘形式，下面介绍几种常见的外部招聘方法。

第一，校园招聘。大学的专科生、本科生和研究生是大多数专业管理人员及工程技术人员的主要来源。校园招聘的一种方法是管理人员或者其他代表访问学校并发表演讲；另一种方法是与学生签约并参观企业。一些大公司可以雇用专职招聘人员去校园招聘。

第二，网络招聘。随着互联网在各个领域中的普及应用，企业的人才招聘开始从线下走到线上，网络招聘正在成为企业全新的人才获取渠道。如果能够利用好网络招聘，不仅能够更好地满足企业的人才需求，也可以借此宣传企业形象。网络招聘的专业网站有很多，如智联招聘、赶集网和58同城等，企业人力资源管理人员在网上能轻易找到这些网站。只需进入相应的网站进行注册，即可发布招聘信息，操作非常简单。

企业要想做好网络招聘，必须关注几个细节问题：一是慎重选择和使用网络招聘的平台；二是职位描述要清晰规范；三是招聘职位要有针对性；四是对应聘者要及时反馈；五是线上与线下招聘渠道相配合。

第三，人才招聘会。人才招聘会是指在人才或者专业劳动力比较密集的地区，在政府部门的统一组织下，招聘企业缴纳一定金额的租金，由主办单位负责宣传，吸引应聘者参加的专门交流会。人才招聘会一般分为两大类：一类是专场招聘会，即只有一家公司举行的招聘会，这类招聘会往往是公司计划招聘大量人才或者面向特定群体而举行的；另一类是非专场招聘会，即由某些人才中介机构组织的有多家单位参加的招聘会。

总之，外部招聘有利于企业的发展和创新；有利于了解外部信息，树立企业形象；有利于激发内部员工的斗志和潜能；有利于缓和内部竞争者之间的紧张关系。但是，外部招聘甄选时间较长，决策难度大，成本较高，新员工角色进入慢，也容易影响内部员工的积极性。

内部招聘与外部招聘都是企业行之有效的招聘渠道，各有其优劣势。内部招聘与外部招聘具体如何选择并无定论，应根据企业战略、职位类别、外部环境变化以及企业在人力资源市场上的相对位置等因素综合权衡。因此，企业在进行绿色人力资源招聘计划时一定要根据实际情况，采取合理的招聘方法。在招聘实践中，内部招聘与外部招聘的结合往往会产生最佳的效果，这需要我们在实施招聘的时候，将两种招聘方式合理应用，从而以最小的成本获取最大的人力资源。

（三）绿色人力资源招聘的基本程序

1. 确定招聘需求

作为招聘工作的起点，招聘需求的确定是奠定整个招聘工作的基础。招聘需求主要包括企业空缺职位的数量和质量，其中，空缺职位的质量是指该岗位所需人员应具备的相关素质和资格。

确定招聘需求的工作需要企业的人力资源部门完成，其确定依据是各部门提出的空缺职位的相关信息以及所需人员的需求。与此同时，要及时发现企业中潜在的人员需求，确保本次招聘工作的需求信息准确无误。

2. 制订招聘计划

招聘计划是组织根据发展目标和岗位需求对某一阶段招聘工作所做的安排，包括招聘的规模、招聘的范围、招聘的时间以及招聘的预算等方面。

招聘的规模是指在此次招聘活动中，企业预计吸引多少应聘者前来。招聘的规模应当与企业的规模成正比，一般来说，应当控制在合适的范围内，太多可能会超出企业的预算，太少则难以实现企业优中选优的招聘目的。

招聘的范围要根据企业的需求和预算来确定，招聘范围与招聘效果成正比，招聘范围与招聘成本也成正比，所以，企业招聘范围的确定是非常重要的，一定要在有限的预算内招聘到需要的人员。

招聘的时间选择最常用的方法是时间流逝数据法（Time Lapse Data，TLD），该方法显示了招聘过程中关键决策点的平均时间间隔，通过计算这些时间间隔来确定招聘的时间。

在预算招聘费用时，应当仔细分析各种费用的来源，把它们归入相应的类别中，以避免出现遗漏或重复计算。企业招聘的成本主要包括人工费用（如招聘人员的工资、福利、差旅费、生活补助、加班费等）、业务费用（如通信费、专业咨询与服务费、广告费、资料费、办公用品费等），以及其他费用（如设备折旧费、水电费、物业管理费等）。

3. 发布招聘信息

发布招聘信息是一项十分重要的工作，直接关系招聘任务完成的质量。组织要将招聘信息通过多种渠道（如报纸、网络等）向社会发布，向社会公众告知用人计划和要求，确保有更多符合要求的人员前来应聘。

发布招聘信息要注意以下三个方面的问题。

第一，招聘信息的发布面要广泛。一般来说，招聘信息的发布面越广，能够看到招聘信息的人就越多，参与招聘活动的人就越多，企业实现能岗匹配的概率也就越大。

第二，招聘信息要有针对性。企业要根据空缺职位的特点及任职要求有针对性地向最能胜任这一岗位的特定层次的人群发布招聘信息，精准定位。

第三，招聘信息要及时发布。越早发布招聘信息，企业就能越快招聘到所需的人才，从而大大缩短招聘进程，也不会影响企业的正常运作。

4. 回收应聘者的应聘资料

企业的招聘信息一经发布，就会有应聘者通过不同途径投递应聘资料，因此，回收应聘者的应聘资料是一项非常重要的工作。在回收的过程中，招聘人员不能全盘照收，要做一个初步的筛选，将那些一眼看去就不符合要求的人员直接剔除，进行初步筛选之后再进行汇总，再次详细甄选，挑选出可能适合这份工作的应聘者，并向他们发出面试邀请。

（四）绿色人力资源招聘中的职责分工

在招聘过程中，对招聘起决定作用的是用人部门，它直接参与整个招聘过程，并在其中拥有计划、初选与面试、录用、人员安置以及绩效评估等决策权，用人部门完全处于主动地位，人力资源部门在整个招聘过程中更多的是扮演组织和服务的角色。招聘工作过程中用人部门和人力资源管理部门的职责分工如表7–1所示。

表7–1 用人部门和人力资源管理部门的职责分工

用人部门		人力资源部门	
工作顺序	招聘工作的职责	工作顺序	招聘工作的职责
1	招聘计划的制订与审批	2	招聘信息的发布
3	招聘岗位的工作说明书及录用标准的提出	3	应聘者登记、资格审查
4	应聘者初选，确定参加面试人员的名单	5	通知参加面试的人员
		6	面试、笔试工作的组织
7	负责面试和笔试工作	8	个人资料的核实、人员体检
9	录用人员名单、人员工作安排及试用期待遇的确定	10	签订合同的修订
		11	试用人员报到及生活方面的安置
12	正式录用决策	13	正式合同的签订
14	员工培训决策	15	员工培训服务
16	录用员工的绩效评估与招聘评估		
17	人力资源规划修订		

二、绿色人力资源的甄选

甄选阶段是企业招聘过程中最关键的一个阶段。甄选的过程是选择那些具有必要才能、能够出色完成特定工作的人员的过程。甄选质量的高低直接决定着选出的应聘者能否满足企业的要求。甄选也是技术性很强的一个环节，因为它涉及心理测试、无领导小组讨论、评价中心等诸多方法。甄选的最终目的是将不符合要求的应聘者淘汰，挑选出符合要求的应聘者供企业进一步筛选。

（一）绿色人力资源甄选的原则

在招聘过程中，绿色人力资源甄选应遵循以下原则。

1. 公平竞争，择优录取

公平竞争原则，又称竞争法的基本原则，是指在同等的市场条件下，各个竞争者共同接受价值规律和优胜劣汰规律的评判，并各自独立承担竞争的结果。公平是市场秩序中最重要的原则。公平竞争既是竞争群体利益的要求，也是国家规制竞争活动的指导思想。公平竞争原则可以为竞争者提供行为规范和价值评判标准，以利于创造公平竞争的市场环境，从而实现对有实力但无门路的应聘者的有效保护。

公平竞争原则体现在人力资源甄选的过程中，就是要企业公平地对待每一位应聘者，对他们做到一视同仁，严格按照科学、公正的筛选程序进行筛选，从而在众多应聘者中甄选出最适合该招聘岗位的人选。

2. 任人唯贤，知人善用

招聘的核心是选人、任人，使贤者在位，能者在职，从而达到人尽其才的目的。因此，按照任人唯贤的原则去选拔和使用人才，是关系企业兴衰成败的大事。坚持任人唯贤的原则，既要坚持把德放在首位，重视应聘者的政治素质，又要重视应聘者的知识和才能，切忌任人唯亲。

此外，在甄选过程中，招聘者还要知人善用。“知人”是指了解应聘者的长处和特点；“善用”是指用人之长，避人之短。因此，招聘者要了解计划录用的每一位应聘者的不同性格和能力，根据他们的特点合理安排工作，做到人尽其才，能岗匹配。

3. 因事择人，知事识人

因事择人是指应以所空职位和工作的实际要求为标准来选拔符合标准的各

类人员。选拔人员的目的在于使其担当一定的职务，并能按照要求从事与该职务相对应的工作。因事择人是实现能岗匹配的基本要求，也是人力资源甄选的重要原则。

知事识人是指在甄选应聘者的时候，企业招聘负责人必须详细了解不同岗位的工作内容、在企业中的地位和作用、对员工素质技能的要求，同时尽可能地了解应聘者的文化程度、教育水平、性格特征、气质类型、兴趣、能力、健康状况，甚至家庭背景、社会关系。在知事和识人的基础上甄选应聘者才会减少失误，从而提高用人的准确性。

4. 严爱相济，指导帮助

管理人员不能因为员工在试用期，就对其放松要求或者提高警惕，必须按照公司规定给其制定工作标准与绩效目标，对其进行必要的考核，考核可以从以下几个方面进行：能力及能力的提高、工作成绩、行为模式及行为模式的改进等。同时，也要在生活上给予更多的关怀。试用期的员工有其法律上享有的权利，也有公司规定的对其考核的内容，所以领导者只有严爱相济，并对其进行指导帮助，才能使这些员工积极努力地、长期稳定地为组织工作。

（二）绿色人力资源甄选的过程

甄选的过程一般包括筛选简历、初步审查、人员素质测评、背景调查以及身体检查。

1. 筛选简历

简历或申请表的作用是相似的，只是制作主体不同。简历是应聘者制作的，而申请表是招聘方制作的。一份优秀的个人简历应该信息充分、逻辑清晰、语句通顺、排版优美。

对于接收的简历，企业的筛选流程大致是分析简历结构、审查简历的基本信息、判断是否符合岗位技术和经验要求、检查简历中的逻辑性。审查简历时，要留意细节。

2. 初步审查

在完成对求职者申请表和履历表的预审后，一般会由人力资源部门对求职者进行初步审查，进一步排除不符合要求的求职者。

3. 人员素质测评

进行一定的筛选之后，招聘者要对求职者进行更广泛、更深入的考察，了解其学识水平、技术技能、性格、气质、能力等状况。通行的一种做法是采用人员素质测评。一个好的人才测评工具应该既稳定可靠，又具有较高的准确性。人们用信度来衡量人员素质测评工具的稳定性和可靠性。通常企业选择的测评方法包括以下几种。

（1）心理测试。心理测试主要包括以下几种。

①智力测试。智力测试是科学测验的起源，也是最早运用于人员测评和选拔的方法。尽管如今智力测试更多地被运用于教育领域，人员选拔和测评也有了更多的工具可供选择，但招聘工作者有时仍将智力测试作为测评一个人的重要工具。在衡量成人的智力水平时通常采用离差智商。离差智商的假设是按正态分布的，计算离差智商时，以平均数为100、标准差为15计算。离差智商分值高低取决于被测者在一个特定团体中的位置，因此这是相对水平的比较。一般来说，正常人的智商是90～109，110～119为中上水平，120～139为优秀水平，140以上为非常优秀。但智商高的人并不适合做管理或操作相关的工作，所以智商只是甄选的一个标准。

②职业能力倾向测试。在招聘选拔中使用的能力测试多为职业能力倾向测试，它强调的是对职业能力各个方面的测量，有些职业能力倾向是各种不同种类的工作都需要的，有些职业能力倾向只是在一些特定的工作中才需要。主要测量的能力一般包括言语理解能力、数量关系能力、逻辑推理能力、综合分析能力、知觉速度与准确性等。为了能方便地对能力倾向进行评价，一些机构编制了成套的能力倾向测验，其中具有代表性的是一般能力倾向测试。这套测试工具所涵盖的各种能力与不同的职业类型密切相关，经过测试可以对应聘者是否适宜从事所应聘的岗位作出判断。例如，手指灵活度不高的人，就不适宜从事打字员这一项工作。

③知识测试。知识测试是指主要通过纸笔测试的形式，对被试者的知识广度、知识深度和知识结构（专业知识、基础知识与相关知识）进行了解的一种方法。这种测试用于衡量应聘者是否具备完成岗位职责所要求的知识储备。虽然具备岗位所要求的知识并不是取得良好工作绩效的充分条件，但却是一个必要条件。对于不同的岗位，知识测试的内容也不一样。

（2）面试。不同的企业对面试过程的安排会有所不同，为了保证面试的效果，一般来说要按照以下几个步骤来进行。

①面试准备阶段。面试准备阶段要完成以下几项工作。

第一，选择面试人员。这是决定面试成功与否的一个关键步骤，有经验的面试人员能够很好地控制面试进程，并作出正确的用人判断。面试人员要能客观公正地对待所有应聘者；要具备良好的语言表达能力；要善于倾听应聘者的陈述，并能准确理解；要具有敏锐的观察力；要善于控制面试进程，使面试始终保持一个良好、轻松愉快的气氛。

第二，明确面试时间。这可以让应聘者和面试人员作好充分的准备。

第三，了解应聘者的基础情况。面试官要提前做好准备工作，查阅面试参与者的相关资料，在大致了解的基础上进行面试，以有针对性地提出问题，更深层次地了解应聘者，确定其是否适合该职位，从而提高面试的效率。

第四，面试材料的准备。面试材料主要是指面试评价表和面试问话提纲。面试评价表主要包括应聘者的信息、评价的各项要素以及评价的等级，它是面试人员用来记录应聘者面试中表现的工具。面试问话提纲一般包括通用问话提纲和重点问话提纲。

第五，安排面试场所。企业选择的面试场所要干净、明亮、宽敞，而且位置不能过于偏僻，要便于应聘者寻找，而且要有明确的路标指引。

②面试实施阶段。这是面试的具体操作阶段，也是整个面试过程的主体部分，一般可以分为以下几个部分。

第一，引入阶段。应聘者在面试开始时往往都比较紧张，因此面试人员不能一上来就切入主题，而应当先问一些轻松的话题，以缓解应聘者的紧张情绪。

第二，正题阶段。在这一阶段，面试人员要按照事先准备的提纲或者根据面试的具体安排，向应聘者提出问题，同时对面试评价表的各项评价要素作出评价。这一阶段，面试人员要特别注意提问的方式，提问时应明确、简短、不带感情色彩。同时，面试考官还要注意自己的言谈举止，尽量不要出现点头、皱眉、耸肩等异常的表情和行为，也不要有个人偏见。

第三，在这个阶段可以让应聘者提出一些自己感兴趣的问题，要以一种比较自然轻松的方式结束面试谈话，不能让应聘者感到突然。

③面试结束。面试谈话结束以后，并不意味着整个面试就全部结束了，还有一些工作需要完成，主要是由面试官对面试记录进行整理、填写面试评价表等，以便在面试结束后进行综合评定，作出录用决策。

4. 背景调查

通过电话、电子邮件、信函或登门拜访等方式，向应聘者原工作单位或学校了解其工作能力、品行及人际关系情况，核实应聘者的背景资料以及所提供的信息是否有虚假，从而淘汰那些资料不真实的应聘者。

5. 身体检查

身体检查必须符合国家法律法规的要求，对于体检不合格、不符合职业要求的应聘者予以淘汰。当然，体检要特别注意合法性，不能对应聘者有疾病歧视。

三、绿色人力资源的录用

招聘工作结束后，就要根据招聘结果作出录用的决策，即如何通知被录用者以及让被录用者尽快到岗工作，这就是人力资源的录用。人力资源的录用就是企业根据工作的需要聘用新员工的管理活动，通过这种活动，企业人员得到补充。人力资源的录用过程一般可分为录用决策、发放录用通知、员工入职、试用及正式录用等环节。

（一）录用决策

录用决策是依照人员录用的原则，避免主观判断和不正之风的干扰，把选择阶段多种考核和测验结果组合起来进行综合评价，从中择优确定录用名单，实现人适其岗、岗得其人的合理匹配过程。为了保证录用决策的科学性，企业可以根据工作说明书，进一步明确用人标准。

（二）发放录用通知

经过层层选拔之后，企业最终可以向挑选出的与岗位最为匹配的应聘者发出录用通知。录用通知的主要内容包括以下四个方面。

第一，对新雇员的加入表示欢迎。

第二，明确员工报到的相关内容。

第三，报到的时间和地点。

第四，如何到达及其他应该说明的信息。

对于未被录用的应聘者，应该以委婉礼貌的方式发放辞谢通知，以树立良好的企业形象，并对今后的招聘产生积极影响。

（三）员工入职

被录用的新员工需要根据录用通知书中规定的报到期限及时到企业的人力资源部门报到，办理相关入职手续。入职程序具体如下。

1. 签订聘用意向书

与录用员工签订聘用意向书，双方签字后生效，人力资源部门保存原件，录用员工留存复印件。

2. 档案转存

新员工的人事档案转入单位统一的档案管理机构。同时，人力资源部门把将要正式入职的员工信息录入员工信息管理系统，与新员工预先约定正式入职的时间。

3. 签订劳动合同

新员工填写档案登记表，根据《中华人民共和国劳动法》建立劳动关系，签订劳动合同，然后办理各种福利转移手续。

（四）试用

试用就是企业对新上岗员工的尝试性使用，这是对员工的能力与潜力、个人品质与心理素质的进一步考核。

（五）正式录用

新员工能否被正式录用的关键在于试用部门对其考核的结果如何，企业对试用员工应坚持公平、择优的原则进行录用。正式录用过程中，用人部门与人力资源部门应完成以下主要工作：员工试用期考察鉴定、依据考核结果进行正式录用决策、提供合理必要的待遇、制订员工发展计划、为员工提供必要的帮助和咨询等。

参考文献

[1] 王巽风，陈洁 . 酒店综合实务 [M]. 北京：光明日报出版社，2024.

[2] 张萍 . 高职酒店数字化人才培养探索 [M]. 北京：旅游教育出版社，2023.

[3] 罗芳 . 酒店管理实操从新手到高手 [M]. 北京：中国铁道出版社，2023.

[4] 庄素媚 . 酒店一线员工绩效考核指标体系优化研究 [M]. 北京：企业管理出版社，2023.

[5] 姜红，裘亦书，丁延芳 . 酒店接待 [M]. 上海：上海教育出版社，2023.

[6] 乔会杰，王洋，王楠 . 酒店空间设计 [M]. 北京：航空工业出版社，2023.

[7] 邓俊枫 . 酒店数字化运营 [M]. 北京：清华大学出版社，2023.

[8] 张成 . 酒店前厅与客房管理 [M]. 南京：河海大学出版社，2023.

[9] 陈洪兵，张彩虹 . 酒店市场营销 [M]. 武汉：华中科技大学出版社，2023.

[10] 杜妍 . 酒店空间设计 [M]. 北京：北京工艺美术出版社，2023.

[11] 李肖楠，胡顺利 . 酒店前厅与客房管理 [M]. 大连：大连海事大学出版社，2023.

[12] 文飞人，杨洋，张际萍 . 酒店财务管理 [M]. 成都：西南财经大学出版社，2023.

[13] 王春艳，郑转玲，高歌，等 . 酒店服务技能与实训 [M]. 北京：清华大学出版社，2023.

[14] 陈雪钧，马勇，李莉 . 酒店品牌建设与管理 [M]. 重庆：重庆大学出版社，2023.

[15] 杨东静 . 酒店服务礼仪 [M]. 上海：上海交通大学出版社，2023.

[16] 都大明 . 现代酒店管理 [M].3 版 . 上海：复旦大学出版社，2023.

[17] 何勇 . 酒店督导管理实务 [M]. 杭州：浙江大学出版社，2023.

[18] 马开良，叶伯平，葛焱 . 酒店餐饮管理 [M]. 北京：清华大学出版社，2023.

[19] 彭媛媛 . 酒店品牌形象设计 [M]. 成都：西南财经大学出版社，2023.

[20] 方向阳，张磊玲 . 酒店人力资源管理实务 [M]. 北京：中国人民大学出版社，2023.

[21] 陈靖，孙庆春，杨蕊肇 . 现代酒店运营管理研究 [M]. 长春：吉林文史出版社，2021.

[22] 郭庆慧，张卉 . 酒店管理专业课程思政教学指南 [M]. 北京：经济科学出版社，2023.

[23] 谢春山，胡文静 . 酒店文化研究 [M]. 北京：旅游教育出版社，2022.

[24] 余显开 . 酒店照明设计 [M]. 南京：江苏凤凰科学技术出版社，2022.
[25] 李花，桑子华，沈洁 . 酒店信息管理系统 [M]. 北京：北京理工大学出版社，2022.
[26] 李月调 . 酒店业员工群体刻板印象研究 [M]. 北京：中国旅游出版社，2022.
[27] 樊辛 . 现代酒店行业从业人员综合素质培养 [M]. 上海：上海交通大学出版社，2022.
[28] 唐凡茗，程芸燕 . 互联网 + 背景下的酒店新业态探究 [M]. 武汉：武汉大学出版社，2022.
[29] 赵莹雪，梁少华，郭祎 . 高职酒店管理与数字化运营专业课程思政探索与实践 [M]. 北京：旅游教育出版社，2022.
[30] 杨荫稚，陈为新，王怡雯 . 酒店业概述 [M]. 北京：中国旅游出版社，2022.
[31] 杨宏浩 . 酒店集团高质量发展路径研究 [M]. 北京：经济科学出版社，2022.
[32] 颜家楠 . 现代酒店管理与市场营销新拓展 [M]. 北京：中国商业出版社，2022.